Jessica Lütge

Die Kunst
allein zu feiern

Jessica Lütge

Die Kunst allein zu feiern

Ein Ratgeber
für besondere Zeiten

 **Bauer**

Verlag Hermann Bauer
Freiburg im Breisgau

Die Deutsche Bibliothek – CIP-Einheitsaufnahme

Ein Titeldatensatz für diese Publikation ist bei
Der Deutschen Bibliothek erhältlich.

Mit 9 Zeichnungen von Corinna Zürcher

1. Auflage 2002
ISBN 3-7626-0868-7
© 2002 by Verlag Hermann Bauer GmbH & Co. KG, Freiburg i. Br.
www.hermann-bauer.de
Umschlag: Karin Jerg, Ballrechten-Dottingen,
unter Verwendung eines Fotos von jump fotoagentur, Hamburg
Satz: Dtp-Satzservice Peter Huber, Freiburg i. Br.
Druck und Bindung: fgb · freiburger graphische betriebe, Freiburg i. Br.
www.fgb.de
Printed in Germany

Inhalt

Feiern Sie nach Lust und Laune

Allein sein – eine Vorstellung, die wohl keinen von uns unberührt lässt und unterschiedlichste Reaktionen auslöst. Während der eine das Alleinsein als bedrückende Einsamkeit empfindet und darunter leidet, hat ein anderer vielleicht sogar den sehnlichen Wunsch, endlich wieder einmal allein sein zu dürfen. Gerade an Fest- und Feiertagen werden uns diese Gefühle oft bewusst – schließlich haben wir dann ja Zeit.

In meinem Leben gab es Paar- und Singlezeiten. In Beziehungen und allein bin ich manchmal glücklich und manchmal unglücklich gewesen. Jede Lebensform hat – wie alles andere auch – ihre Vor- und Nachteile. Es kommt nur darauf an, was wir daraus machen.

Obwohl dieses Buch keineswegs nur für Singles gedacht ist, wollen wir uns zunächst einmal das Single-Dasein etwas näher anschauen: Es scheint in unserer Gesellschaft ja ein völlig freies und unbeschwertes Leben zu garantieren. Vor allem die Werbung suggeriert uns rund um die Uhr den Traum vom erfolgreichen und gutaussehenden Mann, der ganz lässig eine Top-Karriere hinzaubert und noch dazu jede Nacht die süßesten Frauen vernascht. Die Single-Frau steht ihm da in nichts nach, ist immer gut drauf und topfit. In der Mittagspause joggt sie mit ihrem Kollegen locker durch den Park, gerät dabei aber beileibe nicht ins Schwitzen, sondern streicht sich nur sexy das schwungvoll gestylte Haar aus dem Gesicht. Im Job bekommt sie natürlich einen tollen Auftrag nach dem anderen, geht abends immer nett essen und hat nachts ebenfalls die Qual der Wahl. Am Wochenende treffen sich all diese coolen Typen dann auf ebenso coolen Partys, um ihr Single-Dasein voll zu genießen. Probleme gibt es keine, Liebeskummer schon gar nicht – und einsam sind höchstens die anderen.

Obwohl diese Werbe-Glitzerwelt ganz offensichtlich aus nichts als Klischees besteht, spukt sie ab und zu doch in unseren Köpfen herum. Und so fragen wir Normalos unter den Singles uns dann: Warum bin *ich* eigentlich nicht immer glücklich mit dem Single-Leben? Warum habe *ich* keine zehn Verehrer/innen auf einmal? Warum fühle *ich* mich manchmal so richtig mies und einsam? Ist das Single-Leben vielleicht doch kein so erstrebenswerter Zustand?

So sind viele, die allein leben, auch nicht glücklich mit ihrer Situation, sondern spüren vor allem die bedrückende Einsamkeit. Dann geraten wir leicht in Versuchung, uns vorzustellen, wie gut es die anderen haben, die mit ihrem/r Partner/in oder ihrer Familie zusammen sind. Und wenn wir dann auch noch zugeben müssen, vielleicht an Weihnachten ganz allein zu sein, wo doch alle anderen angeblich so nett zusammensitzen, schämen wir uns fast schon ein bisschen.

Aber es besteht überhaupt kein Grund, traurig zu sein – Sie sind in guter Gesellschaft. Fakt ist: 54 Prozent aller Haushalte, also mehr als die Hälfte, sind heutzutage Ein-Personen-Haushalte. Wenn Sie allein leben, haben Sie also Millionen Verbündete, denen es ähnlich ergeht wie Ihnen.

Übrigens bestehen tatsächlich nur noch etwa 10 Prozent aller Haushalte aus Familien im klassischen Sinn mit Trauschein und Kindern, die noch zu Hause leben. Die restlichen Prozente verteilen sich auf verschiedene andere Formen des Zusammenlebens wie Partnerschaften, Wohngemeinschaften, Alleinerziehende oder Patchwork-Familien.

Aber selbst wenn Sie glücklich mit anderen zusammenleben, haben Sie wohl manchmal das Gefühl, gern einmal allein sein zu wollen. Das Alleinsein kann dann sogar ein richtiger Luxus sein: Die Feiertage einmal so gestalten, wie Sie selbst es schon immer wollten – ganz ohne Verwandtenbesuche, lästiges Putzen und Backen oder die ständige Frage, wie Sie die Kinder am besten beschäftigen könnten. Sich einfach die Freiheit gönnen, den eigenen Rhythmus zu finden, Neues auszuprobieren und sich selbst neu zu entdecken.

Vielleicht sind Sie an manchen Feiertagen auch eher zufällig allein, weil Ihr Partner oder Ihre Partnerin zum Beispiel im Krankenhaus Dienst hat, beruflich verreist ist oder womöglich eine Silvester-Vorstellung in der Oper gibt. Dann freuen Sie sich auf Ihren ganz persönlichen Feiertag!

Allein feiern – ein Fest nur für sich selbst gestalten, sich wieder neu entdecken und Kraft tanken – ist eine Kunst. Und wie das am besten geht, erfahren Sie in diesem Buch.

Wenn Sie allein feiern, haben Sie alle Chancen, sich selbst besser kennen zu lernen, vieles auszuprobieren und vor allem ganz neue und aufregende Erfahrungen zu machen.

Ich selbst habe schon oft die Feiertage allein verbracht – zunächst eher unfreiwillig, später dann aber mit immer mehr Begeisterung. Inzwischen schlage ich sogar so manche Einladung lieber aus, um ganz genüsslich mit mir selbst feiern zu können.

Jetzt hatte ich ja die Chance, alles anders zu machen – und zwar so, wie es mir, und nur mir allein, wirklich gefiel. Da wurde es erst richtig spannend. Auf einmal sah ich dem nächsten Feiertag schon ganz aufgeregt entgegen: Das wäre doch gelacht, wenn ich nicht auch allein Freude an einem solchen Tag haben könnte!

Wichtig dabei war: Kein Spaß aus der Not heraus, sondern echte Freude am Feiern mit mir selbst. Und so begann ich, für jeden Feiertag eine ganze Palette an Ideen zusammenzustellen, die ich dann – je nach Stimmungslage – in die Tat umsetze. Es macht zum Beispiel Spaß, die Wohnung zu Weihnachten oder Ostern hübsch zu dekorieren – aber es darf nicht in Stress ausarten. Oder leichte und trotzdem köstliche Gerichte zu brutzeln, die im Nu fertig sind, damit möglichst viel Zeit für andere interessante Sachen bleibt. So entstand ein spannendes Programm mit vielen erfrischenden Ideen, die mir je nach Anlass und Laune einen beschwingten oder besinnlichen Tag zaubern – und Ihnen hoffentlich auch.

Auf den folgenden Seiten finden Sie für Ihren Geburtstag, für die Adventssonntage, Weihnachten, Silvester und Ostern, aber auch für Ihre Ferien und Wochenenden jede Menge Tipps und Anregungen zum Alleinfeiern. Am Anfang jedes Kapitels über die Feiertage geht es zunächst einmal um die Hintergründe des jeweiligen Festes. Dort erfahren Sie allerlei »Merkwürdiges« und manchmal wohl auch Überraschendes, denn unsere landläufigen Vorstellungen stimmen keineswegs immer mit dem eigentlichen Sinn dieser Feste überein.

Nach der Einstimmung finden Sie dann viele Vorschläge und Anregungen, wie Sie den jeweiligen Tag quasi vom Aufstehen bis zum späten Abend voll auskosten können: eine breite Palette an originellen und kreativen Ideen für ein gelungenes Fest – Fantasiereisen, Tanz und Pantomime, schöpferisches Gestalten, besinnliche Meditationen, aber auch Musikempfehlungen, einfache und preiswerte Dekorationen, schnelle Rezepte und immer wieder Tipps, Tipps, Tipps. Probieren Sie alles aus, kombinieren Sie nach Lust und Laune und genießen Sie die schönen Stunden, die Sie allein verbringen, mit allen Sinnen. Schließlich sind Sie mit sich selbst ja in bester Gesellschaft. Vielleicht werden Sie dann sogar sagen: So schön wie allein habe ich noch nie gefeiert!

Das gilt natürlich auch für Ihren Urlaub und die Wochenenden – dafür kann Ihnen dieses Buch ebenfalls jede Menge Anregungen und Ideen vermitteln. Nutzen Sie diese ganz besonderen Zeiten in Ihrem Leben: Sie können Ihnen viel Freude, Kraft und ein ganz neues Lebensgefühl schenken!

Geburtstag

Wissen Sie noch, wie sehr Sie sich als Kind immer auf Ihren Geburtstag gefreut haben? Auf die tollen Geschenke, auf Schokoküsse, Kuchen, Spiele und jede Menge Spaß? Später haben Sie dann mit Freunden getanzt und Partys gefeiert. Ihr Geburtstag war schon immer Ihr ganz persönlicher Festtag.

Gestalten Sie diesen Tag jetzt doch einmal anders: Feiern Sie ganz allein ein Fest, nur zu Ihrem eigenen Vergnügen. Das bietet Ihnen eine wunderbare Möglichkeit, sich schon im Vorfeld mit Ihren ureigenen Wünschen und Sehnsüchten ein bisschen mehr vertraut zu machen.

Sie finden Ihren Geburtstag gar nicht so wichtig? Dann denken Sie doch einmal darüber nach, mit wie vielen Menschen Sie in Ihrem Leben schon in Berührung gekommen sind. Vielleicht hat ein Lächeln aus Ihrer Kinderzeit, das Sie damals ganz beiläufig einem älteren Menschen geschenkt haben, etwas bei ihm ausgelöst, an das er sich Zeit seines Lebens erinnert hat. Weil er damals das Gefühl hatte, dass kein Mensch auf der Welt mehr an ihm Anteil nähme. Ihr Kinderlächeln hat ihm den Mut gegeben, trotzdem an sich zu glauben. Vielleicht haben Sie einmal einem Mitschüler geholfen und ihm dadurch einen großen Krach mit seinen Eltern erspart. Oder Sie hatten manchmal Ideen, über die andere zwar zuerst lachten, die sie aber hinterher doch dankbar aufgriffen – Sie haben es nur nie erfahren.

Sie haben in Ihrem Leben Freundschaften geschlossen und sind dadurch vielen in Erinnerung geblieben. Sicher wüssten Ihre früheren Freunde gern, was Sie jetzt machen. Aber womöglich kennen sie Ihre jetzige Adresse nicht oder trauen sich einfach nicht anzurufen oder zu schreiben. So wie Sie manchmal an diese Menschen denken, überlegen auch die anderen, wo Sie jetzt wohl sind und wie es Ihnen gehen mag.

Sie haben durch Ihr So-Sein schon so viele Menschen berührt, dass Sie es oft gar nicht mehr wissen. Und in Zukunft werden Sie noch viel mehr neue Begegnungen haben, Freundschaften schließen, Freude erfahren und das Leben vieler Menschen bereichern. Vielleicht sind wir alle wie Sterne am Nachthimmel – hell strahlende Lichtpunkte, klein, aber doch wichtig. Würde auch nur ein Stern fehlen, wäre das grundlegende Gleichgewicht gestört. Denken Sie daran: Sie sind wichtig für die Welt. Und deshalb sollten Sie auch Ihren Geburtstag wichtig nehmen und ausgiebig feiern.

Ein glänzender Auftakt

Eine festliche Tafel oder ein phantasievoll geschmückter Geburtstagstisch ist ein wunderbarer Auftakt für diesen Tag. Am besten bereiten Sie schon am Vorabend alles vor, damit Sie an Ihrem Geburtstagsmorgen gleich beim Aufwachen in Feststimmung kommen.

Wie wär's damit?

Für glänzende Laune sorgt eine Tischdekoration aus schimmerndem Stoff. Wenn Sie es ganz perfekt mögen, kaufen Sie sich ein Stück silbernen Stoff für Ihren Geburtstagstisch. Sie brauchen ihn gar nicht extra umzunähen, sondern können ihn einfach so drapieren, dass er fließend fällt und vielleicht sogar bis auf den Boden reicht. Wenn Ihnen das zu viel Aufwand ist, können Sie ruhig auch eine weiße Tischdecke nehmen, mit der sich ebenfalls ein wunderbarer Effekt erzielen lässt.

Was Sie aber in jedem Fall brauchen, ist schimmernde Folie aus dem Dekorationsgeschäft. Sie können eine durchsichtige Folie für den Silberstoff oder auch eine leicht getönte für den weißen Stoff nehmen. Am besten sieht es aus, wenn die Folie etwas größer ist als die Tischdecke. Probieren Sie es aus: Sie werden über die Wirkung staunen.

Jetzt fehlen noch Blumen – oder wie wäre es mit dieser Alternative: Sie nehmen eine Vase und füllen Sie bis oben hin mit Sand. Dann stecken Sie lange dünne Kerzen in Ihrer Lieblingsfarbe oder Ton in Ton zur farbigen Folie auf Ihrem Geburtstagstisch wie Schnittblumen in den Sand. Nehmen Sie aber nicht zu viele Kerzen für die Vase, da sie sonst leicht umfallen oder das Wachs der Nachbarkerzen schnell zum Schmelzen bringen könnten. Drapieren Sie lieber noch Teelichter um die Vase herum, wenn Sie für jedes Lebensjahr oder Lebensjahrzehnt ein Licht anzünden wollen.

Auch ein fröhliches kleines Arrangement auf dem Tisch sieht hübsch aus: zum Beispiel aus bunten Steinen, an denen Luftballons befestigt sind. Das gibt Ihrem Geburtstag gleich noch eine spielerische Note, an der Ihr inneres Kind sicher seine Freude haben wird.

Das alles sind natürlich nur Anregungen. Lassen Sie Ihrer Fantasie freien Lauf und genießen Sie Ihren ganz persönlichen Geburtstagstisch von Herzen.

Überraschungspakete und Extrawünsche

Lieben Sie Geschenke auch so sehr und packen Sie gern Päckchen aus? Dann machen Sie sich an Ihrem Geburtstag doch die Freude und lassen sich so richtig schön beschenken.

Wie wär's damit?

Wie das gehen soll, wollen Sie wissen, wenn Sie doch für sich allein feiern? Ganz einfach – und sogar noch auf verschiedene Art:

Wenn Ihnen der Postbote ein Päckchen bringen soll, suchen Sie sich in einem Versandhauskatalog ein kleines oder großes Präsent aus, das Ihnen Freude macht. Vielleicht wünschen Sie sich etwas zum Anziehen, ein hübsches Accessoire für Ihre Wohnung, eine CD mit Ihren Lieblingshits oder auch etwas ganz anderes. Geben Sie bei der Bestellung einfach an, dass Sie das Päckchen genau an dem bestimmten Datum – Ihren Geburtstag – geliefert haben möchten. Wenn der Postbote dann klingelt, wissen Sie zwar schon ungefähr, was er Ihnen bringt, aber es macht trotzdem großen Spaß, so ein Päckchen auszupacken.

Wenn Sie sich richtig überraschen lassen wollen, dann bestellen Sie ein Paket mit unbekanntem Inhalt. Viele Versandhäuser bieten wunderschöne Artikel, die sie aus dem Programm nehmen wollen, als Überraschungspaket an. Dann haben Sie überhaupt keine Ahnung, was Ihnen der Postbote da bringt, und die Überraschung ist auf jeden Fall gelungen.

Wenn Sie sich selbst beschenken wollen, lassen Sie Ihre Einkäufe schon im Laden hübsch verpacken. Fast jedes Geschäft bietet diesen Service an. Besonders üppig und dekorativ fällt die Verpackung oft in Parfümerien aus, ob Sie dort nun ein After-Shave oder ein Parfum erstehen. Lassen Sie sich mit Ihren Geschenken ruhig ein bisschen verwöhnen.

Sie können ja schon im Vorfeld überlegen, was Sie sich dieses Jahr zum Geburtstag wünschen. Wenn Sie dann bei einem Einkaufsbummel etwas entdecken, was Ihnen besonders gut gefällt, kaufen Sie es gleich, lassen es als Geschenk verpacken und stellen es weg.

Und wenn Sie die neue Bluse auch noch so gern gleich anziehen oder die CD sofort hören möchten – ausgepackt wird erst am Geburtstagsmorgen. Dann können Sie die Vorfreude so richtig genießen. Und erst recht die Freude, wenn es endlich so weit ist.

Erfrischung für Körper und Seele

Probieren Sie an Ihrem Geburtstag doch einmal ein kleines Ritual aus, das Sie so richtig positiv auf das kommende Lebensjahr einstimmt.

Wie wär's damit?

Beginnen Sie den Tag mit einer ausgiebigen Dusche, die Sie von den Lasten des vergangenen Jahres befreit. Am besten wäre es, wenn Sie Ihr Badezimmer dazu verdunkeln könnten. Genießen Sie diese morgendliche Dusche im Dunkeln ganz bewusst mit allen Sinnen. Stellen Sie sich dabei vor, wie in diesem schützenden Raum alle Lasten und Schuldgefühle des vergangenen Jahres von Ihnen abfallen. Die perlende Frische des Wassers spült alles Schwere fort. Befreit von altem Ballast, freuen Sie sich auf die Herausforderungen des neuen Lebensjahres. Schauen Sie einfach zu, wie das Wasser die imaginäre Last des alten Jahres in den Abfluss zu Ihren Füßen hinabspült.

Geburtstagsbrunch

Nun können Sie für das kommende Jahr gleich eine stärkende kulinarische Grundlage schaffen. Was halten Sie von einem schmackhaften Geburtstagsbrunch? Gönnen Sie sich heute ruhig mal was ganz Besonderes.

Wie wär's damit?

Als »Eye-Opener«, also als Getränk, das morgens die müden Augen öffnet, eignet sich neben dem klassischen Orangensaft am Geburtstag besonders gut der *Himbeer-Champagner*. Dazu brauchen Sie:

> 60 Gramm frische oder gefrorene Himbeeren
> 0,1 Liter frisch gepressten Orangensaft
> Champagner oder Sekt zum Aufgießen

Zunächst pürieren Sie die Himbeeren und mischen sie mit dem Orangensaft. Anschließend gießen Sie mit dem Champagner nach Belieben auf. Salute!

Damit Ihnen der Champagner nicht gleich in den Kopf steigt, sollten Sie natürlich auch für eine gute Grundlage sorgen.

Sie haben Lust auf etwas Süßes? Dann probieren Sie es einmal damit: *geröstete Haferflocken in Schokojoghurt mit Orangenfilets*. Dafür nehmen Sie:

> 50 Gramm Haferflocken
> 1 kleinen Naturjoghurt
> 1 Orange
> etwas Öl
> Schokoladenpulver und Zucker

Rösten Sie die Haferflocken in einer Pfanne mit etwas Öl an. Auf höchster Stufe dauert das etwa fünf Minuten. Vermischen Sie das Schokoladenpulver mit dem Zucker und rühren Sie alles in den Joghurt ein.

Die Orange zerlegen Sie in kleine Filets. Dann servieren Sie die gerösteten Haferflocken auf einem tiefen Teller, geben den Schokojoghurt darüber und garnieren alles mit den Orangenfilets.

Wenn Sie es lieber herzhaft mögen, können Sie mit Frischkäse Ihren eigenen Brotaufstrich kreieren. Für die delikate *Lachscreme* brauchen Sie:

        50 Gramm Frischkäse
        1 Scheibe Räucherlachs
        1 Messerspitze Paprika
        1 Teelöffel gehackten Dill
        Salz und Pfeffer

Schneiden Sie den Räucherlachs in ganz kleine Stücke und geben Sie ihn unter den Frischkäse. Dann vermischen Sie alles mit Paprika und Dill, schmecken mit Salz und Pfeffer ab und lassen die Creme mindestens eine Viertelstunde gut durchziehen.
Sehr schmackhaft ist auch der *Pikantoaufstrich*. Dazu nehmen Sie folgende Zutaten:

        50 Gramm Frischkäse
        $1/2$ geriebene Zwiebel
        $1/2$ zerdrückte Knoblauchzehe
        1 Esslöffel fein gehackten Schnittlauch
        1 Teelöffel Basilikum
        Salz und Pfeffer

Vermischen Sie den Frischkäse mit Zwiebel, Knoblauch und Basilikum. Schmecken Sie alles mit Salz und Pfeffer ab und verteilen Sie den Schnittlauch großzügig über dem Käse.

Haben Sie bei diesen Vorschlägen schon Appetit bekommen? Sie können diese Anregungen natürlich beliebig variieren. Gönnen Sie sich heute alle Leckereien, die Sie besonders mögen. Und vor allem: Genießen Sie Ihren Geburtstagsbrunch mit allen Sinnen.

Malen Sie ein Selbstportrait

Der eigene Geburtstag ist eine wunderbare Gelegenheit zu positiver Selbstreflexion. Wie sehen Sie sich selbst? Wie möchten Sie in Zukunft gern sein? Ein Selbstporträt kann Ihnen auf ganz spielerische Weise zu mehr Selbsterkenntnis verhelfen.

Keine Angst – Sie müssen dazu kein begnadeter Maler und Künstler sein. Es geht dabei vielmehr um den ureigenen Ausdruck, um das Schwelgen in Farben, Formen und Assoziationen. Greifen Sie also mutig zu Pinsel oder Stiften und lassen Sie sich von Ihrer Inspiration leiten.

Wie wär's damit?

Zum Malen brauchen Sie keine teuren Künstlerfarben. Ein einfacher Wasserfarbkasten reicht völlig aus. Wenn Ihnen Buntstifte oder Wachsmalstifte eher liegen, eignen sie sich genauso gut für Ihr Vorhaben. Am besten verschwenden Sie gar keinen Gedanken daran, ob Sie irgendetwas »richtig« oder realistisch wiedergeben. Befreien Sie sich von allen Zwängen und Vorgaben – es geht einzig und allein um die Freude am Malen.

Bei Ihrem Selbstporträt können Sie auf zwei Arten vorgehen:

Für die *erste Variante* unterteilen Sie Ihr Zeichenblatt in zwei Hälften. In die linke Hälfte malen Sie, wie Sie sich im Moment fühlen. Versuchen Sie, mit Farben und Formen vor allem Ihre Gefühle auszudrücken. Das kann auch ganz abstrakt geschehen: Für eine etwas unsichere Stimmung malen Sie zum Beispiel Wellenlinien oder ganz kleine Kreise. Wenn Sie ärgerlich sind, können Sie etwa ein Gesicht mit Zacken, Ecken und Kanten malen. Das bleibt ganz Ihrer Fantasie überlassen.

In die rechte Hälfte des Blattes malen Sie dann das Porträt Ihrer Zukunft. Welche Farben sprechen Sie hier besonders an? Haben Sie Lust auf intensive und leuchtende Farben, die Kraft vermitteln? Möchten Sie stärker in den Vordergrund treten? Oder ist Ihnen mehr daran gelegen, hellere und feinere Farben einzusetzen?

Wenn das Bild erst fertig ist, werden Sie zwei wunderschöne Gefühlswelten erkennen, die viel über Sie selbst aussagen.

Für die *zweite Variante* Ihres Selbstporträts unterteilen Sie das Papier nicht, sondern benutzen gleich die gesamte Fläche. Malen Sie ein Selbstbildnis, das nur Ihre positiven Seiten zum Ausdruck bringt. Gehen Sie mit einem guten Gefühl an Ihr Vorhaben heran und schwelgen Sie in den buntesten Farben. Betrachten Sie sich nicht kritisch, sondern seien einmal völlig von sich überzeugt – stellen Sie sich in den schillerndsten Farben und vielfältigsten Formen dar.

Damit Sie gleich so richtig in Schwung kommen, stimmen Sie sich am besten mit Musik auf Ihr Selbstportrait ein. Besonders gut dafür geeignet ist nach meinem Geschmack die Sinfonische Suite »Scheherazade« von Nikolaj Rimskij-Korsakov. Gleich zu Beginn sehr kraftvoll und voluminös, schenkt diese Musik Selbstvertrauen und Schaffenskraft. Dann klingen zartere romantische Motive an, die einen in märchenhafte Welten versetzen.

Die Sinphonie Nr. 8 G-Dur Opus 88 von Antonin Dvořák, die auch die »Englische Sinphonie« genannt wird, passt hier ebenfalls sehr gut. Teils melancholisch, teils heiter wirkt sie sehr poetisch und stimulierend. Vielleicht haben Sie aber auch Lust, sich von einem Strauß-Walzer mitreißen oder von den Songs der Beatles in gute Laune versetzen zu lassen.

Oder Sie hören beim Malen Ihres Selbstportraits einfach Ihre Lieblingsmusik, die allerdings eine gewisse Länge haben sollte, damit der Malprozess nicht unterbrochen wird. Sie werden staunen, wie viele wundervolle Seiten Sie plötzlich an sich entdecken werden.

Ein Liebesbrief für Sie

Wann haben Sie eigentlich das letzte Mal einen Liebesbrief bekommen? Möchten Sie an Ihrem Geburtstag gern etwas ganz Romantisches erleben, das Ihnen den Tag versüßt, Sie aufbaut und stärkt? Dann sollten Sie unbedingt einen Liebesbrief lesen. Nur eine kleine Übung müssen Sie vorher noch machen: den Liebesbrief schreiben!

Wie wär's damit?

Vielleicht kommt Ihnen das auf den ersten Blick ja ein bisschen komisch vor, aber wenn Sie es ausprobieren, werden Sie sehen, wie viel Freude das machen kann. Schreiben Sie an Ihrem Geburtstag also einmal einen richtigen Liebesbrief an sich selbst. Wenn Sie mögen, können Sie ihn auch schon einen Tag vorher verfassen und dann per Post abschicken – so finden Sie an Ihrem Geburtstagsmorgen gleich eine freudige Botschaft in Ihrem Briefkasten vor. Vielleicht möchten Sie aber auch lieber Ihren Geburtstag dazu nutzen, sich eine Mußestunde zu gönnen und sich selbst mit lieben Worten ein bisschen zu verwöhnen.

Sie wissen beim besten Willen nicht, wie Sie das anstellen sollen? Dann geht es Ihnen wie vielen anderen auch: Sie sind es eher gewöhnt, kritisch mit sich selbst umzugehen, als Ihre Vorzüge hervorzuheben. Noch ein Grund mehr, sich auf dieses kleine Experiment einzulassen – meinen Sie nicht auch?

Vielleicht erleichtert es Ihnen den Anfang ein bisschen, wenn Sie sich vorstellen, diesen Brief an einen Menschen zu richten, den Sie von Herzen gern haben. Weil Sie das Bedürfnis haben, ihm einmal zu sagen, wie wichtig er für Sie ist, wie sehr Sie ihn schätzen und lieben.

Aus diesem Gefühl heraus fangen Sie jetzt an zu schreiben. Sprechen Sie sich direkt mit Ihrem Namen an – schließlich sind *Sie* ja dieser Mensch. Zählen Sie wirklich alles auf, was Sie an sich mögen – ganz ohne Wenn und Aber. Sie sind es wert, geliebt zu werden!

Um Ihnen ein bisschen Mut zu machen, hier schon einmal ein kleines Beispiel:

Liebe(r) ...
Dein Geburtstag soll ein ganz toller Tag für dich werden: Du hast es verdient! Schließlich bist du der wichtigste Mensch in meinem Leben, und so möchte ich dir heute einmal sagen, wie sehr ich dich mag. Jeder Mensch ist einzigartig, und auch du bist etwas ganz Besonderes ...

Die goldene Treppe

Am Geburtstag standen wir zumindest als Kind ganz im Mittelpunkt. Wenn wir Glück hatten, wurde uns ein wunderschöner Tag beschert, an dem wir uns an unserem Lieblingskuchen satt essen durften, Freunde zum Feiern einladen konnten und tolle Geschenke bekamen. An diesem Tag waren wir die Hauptperson.

Später, als wir erwachsen geworden sind, haben wir diese Rolle nicht mehr immer spielen können. Wir mussten oft den ganzen Tag arbeiten und konnten erst am Wochenende richtig feiern. Manchmal haben wir das Geburtstagsfest vielleicht sogar ganz ausfallen lassen.

Wenn Sie sich heute an Ihrem Geburtstag Zeit für sich nehmen, dann fühlen Sie sich doch einmal wieder so wichtig und bedeutend wie in Ihrer Kindheit. Die Visualisierung »Die goldene Treppe« wird Ihnen helfen, Ihren wirklichen Wert wieder schätzen zu lernen.

Bevor Sie sich auf diese kleine Fantasiereise begeben, noch ein kurzer Hinweis zur Durchführung: Lesen Sie den folgenden Text zuerst gründlich durch und versuchen Sie, sich die einzelnen Stationen einzuprägen. Sie können sich auch einzelne Stichpunkte herausschreiben oder im Text markieren: Dann wissen Sie gleich wieder, wie's weitergeht, wenn Sie einmal den Faden verlieren. Das kann gerade bei längeren Visualisierungen sehr hilfreich sein.

Wie wär's damit?

Setzen oder legen Sie sich ganz bequem hin. Lockern Sie den Gürtel, damit Sie gut und tief atmen können. Kommen Sie langsam zur Ruhe. Wenn Sie sich entspannt und gelöst fühlen, stellen Sie sich vor Ihrem inneren Auge eine breite Treppe vor.

Direkt vor Ihren Füßen erscheint nun diese Treppe, die in einem sanften Schwung nach oben führt – wie eine breite, einladende Schlosstreppe mit Stufen aus purem Gold, die hell in der Sonne glänzen.

Sie steigen langsam die Stufen empor und merken: Sie stehen auf richtigem Gold! Und diese Treppe ist nur für Sie ganz allein gebaut worden. Es ist so leicht, die goldenen Stufen emporzugehen – beinahe so, als würden Sie schweben, obwohl Sie doch festen Halt unter den Füßen haben.

Sie blicken nach oben. Es geht gar nicht so weit hinauf, und doch ist die Treppe vom Blau des Himmels umrahmt. Die goldenen Stufen und der leuchtend blaue Himmel glänzen um die Wette.

Freudig erklimmen Sie die letzten Stufen. Nun sind Sie oben angelangt. Sie stehen auf einem ebenfalls goldenen Podest und genießen einen grandiosen Ausblick. Was sehen Sie? Was erwartet Sie? Alles ist für Sie bereit. Die freudige Überraschung hat nur auf Sie gewartet. Alle Vorbereitungen sind für Sie ganz allein getroffen worden.

Langsam lassen Sie das goldene Podest hinter sich und geben sich dem hin, was Sie erwartet. Sie sind die Hauptperson! Kommt jemand zu Ihnen und führt Sie in eine wunderbare Landschaft? Oder gibt es Ihnen zu Ehren ein rauschendes Fest? Nehmen Sie sich Zeit, um alles ganz intensiv zu erleben. Was auch immer es ist – es wurde extra für Sie lange und sorgfältig vorbereitet.

Wenn Sie alles ganz ausführlich fühlen, riechen, sehen und schmecken konnten, was dort auf Sie gewartet hatte, stellen Sie sich wieder auf Ihr goldenes Podest. Sie haben jetzt einen ganz besonderen Reichtum kennen gelernt. Genießen Sie auch den vorläufigen Abschied, denn Sie sind ja eingeladen wiederzukommen.

Nun schreiten Sie die goldene Treppe wieder hinab und blinzeln anschließend ein bisschen mit den Augen, bis Sie wieder ganz wach sind. Doch keine Sorge – die goldene Treppe und all Ihre Erlebnisse bleiben Ihnen erhalten. So oft Sie wollen, können Sie wieder dorthin gelangen und wundervolle Erfahrungen machen, in denen Sie allein im Mittelpunkt stehen. Und dieses herrliche Erlebnis können Sie ganz ohne Schuldgefühle voll auskosten.

Sie sind der Star

Wer möchte nicht gern einmal ein Star sein, im Scheinwerferlicht stehen und den Applaus eines begeisterten Publikums genießen? Fühlen Sie sich heute an Ihrem Geburtstag doch auch einmal wie ein großer Star – der Star Ihres eigenen Lebens.

Sie sind der Hauptdarsteller in Ihrem eigenen Lebensfilm, doch gleichzeitig können Sie auch den Part des Drehbuchautors, des Regisseurs und des Castings übernehmen. Schließlich entscheiden ja Sie, mit welchen Hauptakteuren und Nebendarstellern Sie Ihr Leben gestalten.

Haben Sie schon einmal darüber nachgedacht, ob Ihnen Ihr Drehbuch überhaupt gefällt? Welche Filme sehen Sie im Kino am liebsten? Liebesfilme, weil Sie sich insgeheim nach mehr Romantik sehnen, oder eher Abenteuerfilme, die Ihnen ein Gefühl von angenehmer Spannung vermitteln? Die Filme, die wir uns am liebsten ansehen, sagen viel über unser eigenes Leben aus. Doch wenn Sie bedenken, dass Sie im Grund Ihr Drehbuch selbst gestalten und über die Besetzung der »Rollen« selbst entscheiden – auch wenn das oft eher unbewusst geschieht –, dann können Sie Ihr Drehbuch und damit Ihr Leben ja auch ganz anders gestalten.

Wie wär's damit?

Heute sind Sie der oscarverdächtige Hauptdarsteller. Obwohl Sie es vielleicht gar nicht glauben, haben Sie die Rolle Ihres Lebens doch mit Bravour gespielt. Sie haben schon so vieles erlebt: Aufregendes, Schönes, Trauriges, Schwieriges – und auf Ihre Art haben Sie doch alles gemeistert.

Wenn Sie auf Ihr bisheriges Leben zurückblicken, gab es sicherlich Ereignisse, die Sie besonders geprägt haben. Nehmen Sie ein Blatt Papier und schreiben Sie alle Erfahrungen auf, die Sie damals als negativ empfunden haben. Vielleicht hat Ihnen früher im Kindergarten ein anderes Kind einmal Ihr Lieblingsstofftier weggenommen oder Sie haben später eine schöne Beziehung aufgeben müssen. Möglicherweise ist es Ihnen rückblickend auch immer noch peinlich, wenn Sie daran denken, wie das Festessen für Ihren Chef damals im Ofen verbrutzelt ist. Schreiben Sie alle problematischen Erlebnisse, die Ihnen einfallen, auf.

Nachdem Sie das geschafft haben, setzen Sie über die Liste Ihrer augenscheinlichen Niederlagen die Überschrift »Darauf bin ich stolz«. Ganz recht: Sie können wirklich auch stolz auf Ihre negativen Erfahrungen sein!

Stellen Sie sich doch einmal vor, Sie hätten im Kino gesessen und sich die vergangenen Jahre als Film angesehen. Wenn all diese Erlebnisse nicht stattgefunden hätten, wäre es doch ein furchtbar langweiliger Film geworden. Denn gerade die Aspekte von Trauer, Melancholie, Wut oder Peinlichkeit geben Ihrem Film ja Tiefe, Mitgefühl und manchmal auch ein Quäntchen unterschwelligen Humor.

Wenn es gar keine Schwierigkeiten zu überwinden gäbe, wäre beispielsweise ein Liebesfilm bereits nach fünf Minuten zu Ende, den Abspann mit eingerechnet: Zwei Menschen treffen sich, verlieben sich, bleiben zusammen. Aus. Doch nach der ersten Begegnung wird es meistens erst richtig spannend: Die beiden verlieren sich wieder, es kommt zu Missverständnissen, Prüfungen müssen bestanden werden – bis die zwei am Ende ihre Liebe wirklich leben können. Auf all das hätte man natürlich verzichten können, aber solche Umwege lassen einen Menschen doch erst reifen. So hat man es auf den ersten Blick zwar immer noch mit denselben Figuren zu tun, doch die Charaktere haben sich inzwischen weiterentwickelt.

Wenn Sie Ihr Leben aus diesem Blickwinkel heraus betrachten, sind Sie vielleicht im Nachhinein sogar ein bisschen froh über Ihre so genannten »negativen« Erfahrungen. Denn damit haben Sie weitere Facetten hinzugewonnen, die Ihre Persönlichkeit in neuem Licht erstrahlen lassen. Sie haben so viele Situationen hervorragend gemeistert. Sie sind wirklich ein Star! Sehen Sie sich Ihre Liste noch einmal an und betrachten Sie die – hoffentlich zahlreichen – Punkte, die Sie dort aufgeführt haben, als die Würze Ihres Lebens. Nur Schauspieler, die auch komplizierte und mitunter aufwühlende Rollen spielen können, bekommen einen Oscar – so wie Sie.

Noch ein kleiner Tipp: Hören Sie sich zum Abschluss »Pomp and Circumstance« von Edward Elgar an. Diese Musik wird Sie mitreißen: Sie werden sich in allen Bereichen wirklich wie ein richtiger Star fühlen, vor dem ein roter Teppich ausgerollt wird.

Geburtstagsgedanken

Ein Geburtstag ist immer Anlass zu ein bisschen Rückbesinnung und Neuanfang zugleich. Dafür brauchen wir vor allem Zeit – Zeit für uns selbst. Oftmals lassen uns all die Vorbereitungen für die Gäste aber gar nicht in den vollen Genuss unseres ganz persönlichen Festtages kommen.

Der Geburtstag ist jedoch ein Festtag wie kein anderer, eine wunderbare Gelegenheit, uns selbst ein bisschen näher zu kommen, mit uns selbst zusammen zu sein und das so richtig zu genießen. Wie die berühmte Klosterfrau Hildegard von Bingen einmal sagte: »Der Himmel auf Erden ist überall, wo ein Mensch von Liebe zu Gott, zu seinen Mitmenschen und zu sich selbst erfüllt ist.«

Gerade den letzten Punkt, die »Liebe zu uns selbst«, vergessen wir nur allzu oft aufgrund all unserer alltäglichen Verpflichtungen und Aktivitäten. Wir fragen uns viel zu selten: »Was würde *mir* jetzt gut tun?« Zumeist richten wir uns nach den gesellschaftlichen Gepflogenheiten und passen uns dem an, was »man« im Allgemeinen eben so tut.

War es nicht schon oft so, dass Sie eigentlich gar keine Lust hatten, ausgerechnet an Ihrem Geburtstag ein Fest für Ihre Verwandten auszurichten, die sich noch dazu besonders über selbst gebackenen Kuchen freuen? Hätten Sie stattdessen nicht manchmal lieber einfach die Füße hochgelegt, ein gutes Buch gelesen oder Ihre Lieblings-CD gehört? Aber dann dachten Sie wieder, dass Sie ja auch oft eingeladen wurden und die Leute nicht gern vor den Kopf stoßen wollen.

So müssen wir oftmals abwägen, was uns wichtiger erscheint: Das, was *wir* eigentlich wollen, oder das, was andere von uns erwarten. Dabei geht es neben der Liebe zu unseren Mitmenschen, wie Hildegard von Bingen schreibt, aber auch um die Liebe zu uns selbst. Wenn wir wirklich zu uns selbst stehen, wenn wir uns selbst und anderen gegenüber aufrichtig sind, geschieht es sogar oft, dass wir unsere Mitmenschen *gerade nicht* vor den Kopf stoßen. Ganz im Gegenteil: Sie erkennen das, was wir sind und tun, durchaus an. Wenn wir auch einmal absagen oder dazu stehen, dass wir etwas ganz anderes wollen, werden wir oft mehr respektiert, als wenn wir zähneknirschend bei allem mitmachen, was von uns erwartet wird.

Der große Dichter Johann Wolfgang von Goethe formuliert es so: »Keiner sei gleich dem anderen, doch gleich sei jeder dem Höchsten! Wie das zu machen? Es sei jeder vollendet in sich.« Das ist doch eine wunderschöne und befreiende Botschaft! Jeden Vergleich mit anderen können wir uns sparen, wenn wir wirklich wir selbst sind. Und das ist schon ein enormes Abenteuer: Denn manchmal vergessen wir ja ganz, wer wir wirklich sind, welche Möglichkeiten, Chancen und Talente wir eigentlich haben. Wie oft haben wir gehört, dass wir für dieses und jenes zu jung, zu alt, zu klein, zu groß, zu dumm oder zu überqualifiziert sind. So haben wir viele unserer Träume und Wünsche einfach begraben – und damit jedes Mal auch ein kleines Stück von uns selbst.

An unserem Geburtstag können wir uns wieder darauf besinnen, wer wir wirklich sind. Wie wir ganz persönlich unser Leben – oder zunächst vielleicht erst einmal das kommende Lebensjahr – gestalten wollen. Genießen Sie es, Ihren ureigenen Vorstellungen Raum zu geben, und (er)finden Sie sich selbst ein bisschen neu.

Viel Freude bei Ihrer Forschungsreise zu sich selbst!

Kinderfreuden neu entdecken

Seien Sie an Ihrem Geburtstag doch einmal wieder Kind! Auch wenn das Ihrem jetzigen Alter natürlich nicht entspricht, machen Sie damit doch Ihrem inneren Kind eine Riesenfreude. Unternehmen Sie etwas, was Sie als Kind schon immer gern getan haben oder leidenschaftlich gern getan hätten.

Wie wär's damit?

Gehen Sie an Ihrem Geburtstag in einen Spielwarenladen und stöbern Sie ein bisschen herum. Im Nu werden Sie sich wieder in Ihre Kindheit zurückversetzt fühlen. Gibt es ein Spielzeug, das Sie sich als Kind sehnlichst gewünscht, aber nie bekommen haben, weil es früher vielleicht zu teuer war und später nicht mehr altersgemäß erschien?

Kommen Sie Ihren versteckten Träumen auf die Spur. Ich habe mir einmal ein Kinderglas mit einem bunten Strohhalm gekauft, der sich in abenteuerlichen Schlangenlinien um das Glas herumwindet. So konnte ich mindestens fünf Minuten lang beobachten, wie das Getränk nach oben gesogen wurde, bevor ich es endlich auf meiner Zunge spürte. Das mag ja albern klingen, aber so etwas hatte ich mir als Kind schon immer gewünscht. Bekommen habe ich es allerdings nie – mit der Begründung, so ein Glas mit eingebautem Strohhalm sei schwer zu reinigen und man könne es auch nicht in die Spülmaschine stellen. Jetzt habe ich es mir einfach gegönnt und das Spülen ist seltsamerweise überhaupt kein Problem.

Vielleicht stöbern Sie ja auch ein paar versteckte Herzenswünsche auf, die Ihnen auf den ersten Blick ein bisschen peinlich sind – zum Beispiel Seifenblasen, ein Tretroller, ein riesiger Teddybär oder einfach ein Mensch-ärgere-dich-nicht-Spiel. Wenn Sie ganz gemütlich durch den Spielwarenladen schlendern, werden Ihnen die Ideen nur so zufliegen. Und Sie werden sehen: Hinterher fühlen Sie sich um Jahre jünger.

Wenn Sie dem kindlichen Anteil in sich selbst, Ihrem »inneren Kind«, noch eine Freude machen wollen, gehen Sie doch einfach mal wieder auf einen Spielplatz. Es gibt jetzt ja ganz tolle Abenteuerspielplätze, auf denen man durch verzweigte Röhren kriechen, einen Bagger steuern oder sogar durch einen kleinen See staken kann. Probieren Sie ruhig auch wieder einmal eine Schaukel oder eine Rutschbahn aus. Bis in den Himmel zu schaukeln macht auch Erwachsenen einen Riesenspaß. Genießen Sie es in vollen Zügen, wieder einmal so richtig ausgelassen zu sein und sich den Wind um die Nase wehen zu lassen.

Falls Ihnen ein Spielplatzbesuch für den Anfang doch noch zu peinlich ist – obwohl Sie ja hingehen können, wenn kaum Kinder da sind –, dann laufen Sie einfach einen Trimm-dich-Pfad entlang. Auch hier kann sich Ihr inneres Kind nach Herzenslust austoben. Da gibt es Hindernisse in Form von langen Baumstämmen, über die Sie balancieren können, ein Reck für Klimmzüge, an dem Sie aber auch allerhand andere Kunststücke vollführen können, Gräben zum Drüberspringen und jede Menge Gelegenheiten, Ihre Geschicklichkeit zu erproben. Das macht genauso viel Spaß wie auf dem Spielplatz, lässt Sie aber unter Erwachsenen sein. Doch schließlich sind Erwachsene ja auch nur groß gewordene Kinder.

Vielleicht haben Sie eher Lust, sich einen Kinderfilm im Kino anzusehen? Knuspern Sie dazu Popcorn oder schlecken Sie ein leckeres Eis und freuen Sie sich am Lachen der anderen Kinder. Sie können sich natürlich auch einen Kinderfilm aus der Videothek ausleihen, aber im Kino – in der Gesellschaft von Kindern – macht es einfach viel mehr Spaß.

Oder Sie besorgen sich ein lustiges Kinderbuch. Die Möglichkeiten sind unbegrenzt – lassen Sie sich einfach davon inspirieren, was Sie als Kind schon immer tun wollten. Genießen Sie das Abenteuer, wieder Kind zu sein, in vollen Zügen und freuen Sie sich wie ein Kind an Ihren Entdeckungen!

Ein Festessen nur für Sie

Zum Abschluss gönnen Sie sich noch etwas richtig Gutes. Wenn Sie gern kochen, stellen Sie sich ein kleines Geburtstagsmenü ganz nach Ihrem Geschmack zusammen. Für Gäste hätten Sie sich diese Mühe ja sicher auch gemacht: Heute verwöhnen Sie sich selbst einmal!

Sie haben keine Lust, sich an Ihrem Geburtstag abends noch lange an den Herd zu stellen, wollen aber doch nicht auf ein kleines Festmahl verzichten? Dann versuchen Sie es doch einmal mit einem meiner Lieblingsrezepte für solche Gelegenheiten.

Wie wär's damit?

Penne in Spinatnestern und Gruyère-Sauce: Das macht nicht viel Aufwand, geht schnell und vor allem – es schmeckt! Sie brauchen dafür:

100 Gramm Penne-Nudeln
250 Gramm Blattspinat (tiefgekühlt, aber schon
    ein wenig angetaut)
30 Gramm Gruyère
30 Gramm geriebenen Parmesan
50 Gramm geriebenen Gouda
50 Milliliter Sahne
50 Milliliter Crème fraîche
100 Milliliter Gemüsebrühe
Salz, Pfeffer, Muskatnuss (frisch gerieben), Öl

Die Nudeln kochen Sie in Salzwasser bissfest und lassen sie dann abtropfen. Die Gemüsebrühe bringen Sie kurz zum Kochen und lassen Gruyère und Parmesan darin schmelzen. Anschließend nehmen Sie die Sauce vom Herd, fügen Sahne und Crème fraiche hinzu und rühren alles um. Mit Salz, Pfeffer und Muskat abschmecken.

Dann fetten Sie eine Auflaufform mit etwas Öl ein, geben eine Schicht der gekochten Penne hinein und formen aus dem angetauten Spinat kleine Nester, die Sie zwischen den Nudeln verteilen. Anschließend geben Sie eine weitere Schicht Nudeln darauf, gießen die Käsesauce gleichmäßig über den Auflauf und streuen den geriebenen Gouda darüber. Im vorgeheizten Ofen bei 200 Grad 20 Minuten backen.

Das war's auch schon. Jetzt können Sie Ihr Geburtstagsessen ausgiebig genießen und haben doch noch den ganzen Abend für sich. Guten Appetit!

Selbst das ist Ihnen noch zu viel Aufwand? Sie würden sich heute lieber verwöhnen lassen? Auch kein Problem: Fast überall gibt es ja mittlerweile die Möglichkeit, sich leckere Gerichte direkt ins Haus zu bestellen. Ob italienisch, griechisch, chinesisch oder einheimisch: Lassen Sie es sich schmecken!

Advent

Advent: Kindheitserinnerungen an den Duft frisch gebackener Plätzchen, anheimelnde Gemütlichkeit, Kerzenschein und die bunten Lichter und Verlockungen des Weihnachtsmarktes. Meistens kommen wir vor lauter Hektik aber gar nicht mehr zum Backen oder haben im Grunde gar keine Lust dazu, da uns einfach die Zeit dafür fehlt. Auch die ruhige und friedliche Atmosphäre, an die wir uns so gern erinnern, bleibt dabei oft auf der Strecke.

Ursprünglich hatte die Adventszeit aber gar nicht viel mit Gemütlichkeit und Leckereien zu tun. Sie war eigentlich als vierzigtägige Fastenzeit gedacht, mit der sich die Menschen auf das Weihnachtsfest vorbereiten sollten.

Die Bezeichnung Advent stammt aus dem Lateinischen und bedeutet »Ankunft« bzw. »Erscheinung«: Die Geburt Christi, die Menschwerdung des Gottessohnes, steht in dieser Zeit unmittelbar bevor. Daher forderte die Kirche, den Zeitraum ab dem 11. November als Fastenperiode zu betrachten. Ab dem Jahr 524 war im Advent zum Beispiel sogar das Heiraten untersagt. Die Adventszeit sollte eine stille Zeit sein, in der sich die Menschen ganz auf das bevorstehende Weihnachtsfest einstimmen konnten.

All die romantischen Aspekte, die wir dieser Zeit heute zuschreiben – die Gemütlichkeit, das Plätzchenbacken und der Trubel der Weihnachtsmärkte – sind also eher als neuzeitlich anzusehen, auch wenn sie uns oft wie altüberlieferte Traditionen vorkommen. Unsere Urahnen aus längst vergangener Zeit würden unsere heutigen Vorstellungen von der heimeligen Adventszeit wohl eher milde belächeln. Vielleicht würden sie ihnen sogar ein bisschen kindlich vorkommen.

Eine große Veränderung der Bedeutung der Adventszeit fand im 19. Jahrhundert statt. Nicht mehr das karge Fasten stand jetzt im Vordergrund, sondern die vorweihnachtliche Erwartung wurde sozusagen als besonderes »Erziehungsmittel« eingesetzt. Kindliches Wohlverhalten wurde belohnt, kleine Missetaten dagegen bestraft – denken Sie nur an den Nikolaus mit seinem Sack voll Geschenken, der oft aber auch eine Rute oder sogar seinen Knecht Ruprecht mitbrachte. Die Anpassung an die Gesellschaft konnte durch allerlei verlockende Süßigkeiten besonders gut gefördert werden. So entstanden die uns bekannten Sitten und Gebräuche.

Selbst der Adventskranz, eigentlich ein Symbol, das als wirklich alt gelten könnte, wurde erst im 19. Jahrhundert »erfunden«. Johann Hinrich Wichern, der Begründer der Inneren Mission, wollte seinen Schützlingen im »Rauhen Haus« in Hamburg, einem Heim für Waisenknaben, damit die Zeit bis Weihnachten verkürzen. Während der Adventsandacht wurde jeden Tag an einem großen Kronleuchter ein neues Licht angezündet, bis an Weihnachten alle Kerzen hell erstrahlten. Später wurde daraus dann der Tannenkranz mit den vier Lichtern für die vier Adventssonntage, den wir alle kennen.

Im Lauf der Zeit bekam der Advent eine immer stärkere familiäre und gesellschaftliche Bedeutung, die natürlich auch Läden und Geschäfte für sich zu nutzen wussten. Die Besinnung auf sich selbst, das Nach-innen-gehen, also der ursprüngliche Sinn des Advents, trat dadurch immer mehr in den Hintergrund.

Da sind Sie ja eigentlich besser dran, wenn Sie die Adventssonntage allein feiern: Sie können diese Tage nutzen, um die vielseitigen Möglichkeiten der Adventszeit kennen zu lernen, voll ausschöpfen und interessante neue Erfahrungen zu machen.

Adventsschmuck

Obwohl der Adventskranz ja eigentlich eine recht »neuzeitliche Erfindung« ist, hängen doch viele Erinnerungen daran. Und vor allem: Er sieht einfach immer wieder schön aus. Schon der Tannenduft in der Wohnung lässt Besinnlichkeit und Vorfreude auf Weihnachten aufkommen.

Wie wär's damit?

Als Grundlage für Ihren Adventskranz kaufen Sie am besten einen fertigen Tannenkranz – Tannenzweige können beim Zusammenbinden nämlich ganz schön pieksen. Und mit der Form klappt es auch nicht immer auf Anhieb. Dann nehmen Sie ein breites Satinband in Ihrer Lieblingsfarbe und wickeln es mit großen Abständen um den ganzen Kranz herum. Wenn Sie nun noch vier Kerzen in der Farbe des Satinbandes auswählen, wirkt es besonders harmonisch.

Nehmen Sie doch einmal vier unterschiedlich hohe Kerzen, dann haben Sie an Weihnachten einen Adventskranz mit vier Kerzen in gleicher Höhe. Wenn Sie dieselben Kerzen nicht in unterschiedlicher Höhe bekommen, kürzen Sie sie am besten selbst auf die jeweils passende Länge. Stecken Sie jede Kerze auf einen Nagel, den Sie dann im Adventskranz befestigen. Vielleicht haben Sie auch Lust, noch ein paar kleine Tannenzapfen oder andere Verzierungen anzubringen – nur zu, erlaubt ist alles, was gefällt: von feierlich bis fröhlich-bunt.

Wenn Sie am ersten Adventssonntag die erste Kerze anzünden, fangen Sie mit der längsten an. Am nächsten Sonntag ist dann die zweitlängste an der Reihe, bis Sie am vierten Advent schließlich die kürzeste anzünden. Da die anderen Kerzen inzwischen auch auf diese Höhe abgebrannt sind, haben Sie schon einen perfekten Weihnachtsschmuck.

Da wir die Adventszeit besonders mit Düften aus unserer Kindheit in Verbindung bringen, lassen Sie doch Ihre Nase von einer »Duftorange« verwöhnen. Dazu nehmen Sie eine weiche Orange und spicken sie über und über mit kleinen Gewürznelken. Schon beim Herrichten wird die Orange einen herrlichen Duft verströmen. Binden Sie nun mit einem Satinband eine Schleife um die Orange. Wenn Sie das Band am oberen Ende sehr lang lassen, können Sie Ihre Duftorange überall aufhängen. Das sieht hübsch aus und riecht noch dazu sehr angenehm.

Pikante Snacks für zwischendurch

Die Adventszeit verbinden wir meistens mit Plätzchen und süßen Leckereien. Probieren Sie dieses Jahr doch einmal etwas völlig Neues aus. Es müssen ja nicht immer Süßigkeiten sein, wenn Sie sich ein bisschen verwöhnen wollen.

Wie wär's damit?

Was halten Sie zum Beispiel von einer Nikolaus-Tomatensuppe? Mit ihrer rot-weißen Farbe passt diese Suppe wunderbar zum Nikolaustag – Sie wissen ja, roter Mantel, weißer Bart –, aber natürlich auch zu jedem anderen Adventssonntag. Für die *Nikolaus-Tomatensuppe* brauchen Sie:

> 200 Gramm Tomaten aus der Dose
> 1 Esslöffel gehackte Minze
> 1 Esslöffel Sahne
> Salz
> eine Prise Cayennepfeffer

Zunächst pürieren Sie die Tomaten und erhitzen sie langsam in einem Topf. Dann salzen Sie nach Belieben und geben eine Prise Cayennepfeffer hinzu. Die gehackte Minze und ein Sahnehäubchen geben Sie zum Schluss auf die Suppe.

Für einen gemütlichen Nachmittag bieten sich vor allem kleine Knabbereien an. Hätten Sie Lust auf Salzgebäck? Für den *bunten Teller mit Crackern* nehmen Sie:

> 1 Packung leicht gesalzene Cracker
> Pesto in Rot und Grün
> 100 Gramm Ziegenfrischkäse
> schwarzen Pfeffer

Belegen Sie die Cracker zunächst mit Pesto und einem Esslöffel Ziegenfrischkäse. Die unterschiedlichen Pestofarben sorgen für einen fröhlich-bunten Effekt. Dann geben Sie noch schwarzen Pfeffer darüber, um dem Ganzen eine angenehme Würze zu verleihen.

Vielleicht wollen Sie doch lieber selbst etwas Knuspriges backen? Dann probieren Sie es mal mit *leckeren Käsestangen*, die Sie auch zum Dippen nehmen können. Dazu brauchen Sie:

80 Gramm Mehl
50 Gramm Butter
1 Eigelb
50 Gramm aromatischen Käse
   (Gruyère oder mittelalten Gouda)
1 Esslöffel Parmesan
1 Prise Pfeffer und Salz

Mischen Sie alle Zutaten bis auf den Parmesankäse gut durch. Sie können auch noch etwas Wasser hinzugeben. Lassen Sie dann den Teig mindestens eine halbe Stunde im Kühlschrank ruhen. Danach formen Sie daraus etwa 15 handlange Stangen, streuen den Parmesan darüber und lassen sie bei 200 Grad etwa 15 Minuten goldbraun backen. Jetzt können Sie die leckeren Käsestangen in frischen Kräuterquark oder eine Chilisauce dippen oder den Knabberspaß einfach pur genießen.

Adventsgedanken

Adventszeit – Wartezeit. Worauf warten wir eigentlich? Auf Glück und Erfolg in unserem ganz persönlichen Leben? Der berühmte Schriftsteller Theodor Fontane hat es einmal so formuliert: »Gott, was ist Glück! Eine Grießsuppe, eine Schlafstelle und keine körperlichen Schmerzen – das ist schon viel.«

Vielleicht schmunzeln wir ein bisschen bei dieser Definition, weil sie uns gar so bescheiden vorkommt. Das soll alles sein? Aber wenn wir erst einmal krank gewesen sind, beginnen wir zu begreifen: Erscheint uns das Leben nach der Genesung nicht weit schöner und leichter? Wenn wir lange vieles entbehren mussten, freuen wir uns viel mehr über Kleinigkeiten oder die Schönheiten des Alltags.

Meistens warten wir allerdings auf etwas ganz Bestimmtes: den nächsten Urlaub, das neue Auto oder den Kinobesuch am Wochenende. Manchmal können wir die Wartezeit richtig genießen – wenn wir uns unserer Sache ganz sicher sind. Doch manchmal erscheint uns das Warten unendlich lang. So gelingt es uns eher selten, wirklich zufrieden in der Gegenwart zu leben.

Doch es gibt auch noch eine andere Form des Wartens. Der große Dichter Rainer Maria Rilke schreibt hierzu: »Erinnern Sie sich, wie sich dieses Leben aus der Kindheit heraus nach den ›Großen‹ gesehnt hat? Ich sehe, wie es sich jetzt von den Großen fast nach den Größeren sehnt. Darum hört es nicht auf, schwer zu sein, aber darum wird es auch nicht aufhören zu wachsen.«

Das ist eine ganz andere Sicht des Wartens. Das Warten ist hier nicht auf ein bestimmtes Ziel gerichtet, sondern öffnet uns für Wachstum und Veränderung. Dieses Warten ist vielmehr als Prozess zu sehen, der immer weiter fortschreitet und uns neue Sichtweisen eröffnet. Insofern könnte man das ganze Jahr Advent feiern, wenn man diese Zeit als Zeit des inneren Wachstums betrachtet.

An den vier Adventssonntagen haben Sie die Möglichkeit, sich spielerisch mit dem vertraut zu machen, was die Adventszeit für Sie ganz persönlich bedeutet. Welche Begriffe und Sehnsüchte bringen Sie mit dem Advent in Verbindung: im Hinblick auf Ihre Kindheit, Ihre Gegenwart oder auch auf Ihre Zukunft?

Mit Schreiben, Malen, pantomimischem Tanzen und Modellieren können Sie sich einen herrlichen Advent zaubern. Dazu brauchen Sie weder besondere Talente noch Vorkenntnisse. Alles ist ganz leicht und einfach. Greifen Sie von den Anregungen für die vier Adventssonntage einfach das heraus, worauf Sie momentan gerade Lust haben. Sie werden sehen: Es lohnt sich!

Erster Adventssonntag:

Alte Erinnerungen und neue Erfahrungen

Vielleicht wollen Sie am ersten Adventssonntag einmal darüber nachdenken, welche Bedeutung die Adventszeit für Sie hat. Der Advent soll uns ja auf die Ankunft Jesu vorbereiten. Doch das ist uns oft gar nicht mehr bewusst. Wir sehnen uns vielleicht jedes Jahr aufs Neue nach Ruhe und Besinnlichkeit, lassen uns dann aber doch wieder von dem allgemeinen Trubel und der Hektik um uns herum mitreißen.

Denken Sie auch an Ihre Erinnerungen an die Kindheit und an Ihre Wünsche für die Zukunft, wenn Sie jetzt aufschreiben, welche Bedeutung der Advent für Sie hat. Vielleicht probieren Sie es einfach einmal mit einem »Cluster«. Wie das geht, werde ich Ihnen gleich erklären. Mit dieser Gestaltungsmöglichkeit lassen sich Ideen nämlich besonders gut »bündeln«.

Wie wär's damit?

Schreiben Sie zunächst den zentralen Begriff »Advent« in die Mitte eines Blatts Papier. Darum herum notieren Sie alles, was Ihnen zum Thema Advent einfällt. Wenn Sie beispielsweise den Advent mit dem Gedanken an Geborgenheit verbinden, dann schreiben Sie den Begriff »Geborgenheit« auf. Machen Sie um jede Idee einen Kreis und verbinden Sie sie mit einer Linie. Wenn sich aus einem Einfall weitere Gedanken ergeben, schreiben Sie sie in der Nähe der Ursprungsidee auf.

So ein Cluster könnte dann zum Beispiel folgendermaßen aussehen:

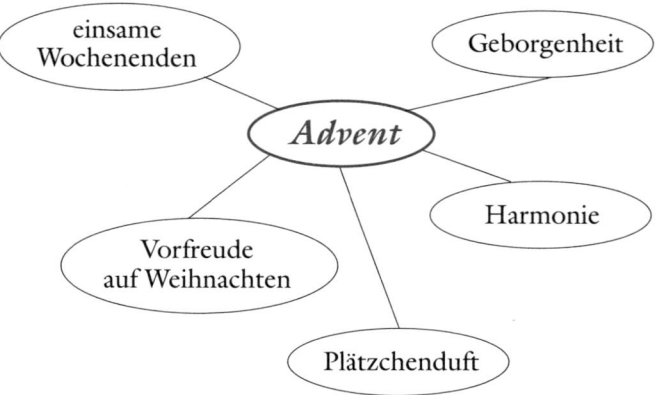

Nun haben Sie sich schon einen guten Zugang zu Ihren ganz persönlichen Vorstellungen vom Advent verschafft. Als Nächstes können Sie jetzt eine einfache kleine Geschichte schreiben, die sich mit Ihren Erinnerungen an die Adventszeit befasst. Diese Geschichte könnte beispielsweise so aussehen:

Als kleiner Junge/kleines Mädchen bekam ich am ersten Dezember immer einen Adventskalender geschenkt. Darauf habe ich mich schon lange vorher riesig gefreut. Trotzdem waren die Tage bis Weihnachten furchtbar lang. Ab und zu durfte ich meiner Mutter auch beim Plätzchen backen helfen. Das war aber oft eine Katastrophe, weil meine Mutter es überhaupt nicht gern machte und ihr die Plätzchen häufig angebrannt sind. Eigentlich wollten wir in der Adventszeit gern mehr Geschichten erzählen und Lieder singen, aber die Zeit war viel zu knapp. So wurde schon das Kaufen von Weihnachtsgeschenken zum reinsten Stress. Erst wenn Weihnachten endlich da war, kamen wir wieder zur Ruhe – allerdings waren wir dann alle ziemlich geschafft.

Sicher sahen Ihre Erlebnisse wieder ganz anders aus. Schreiben Sie einfach alles auf, was Ihnen so einfällt. Lassen Sie Rechtschreibung oder gar Satzbau völlig außer Acht – Ihr Deutschlehrer schaut Ihnen dabei garantiert nicht über die Schulter. Wenn Sie erst einmal den Anfang gemacht haben, werden Sie sich bestimmt an viele Ereignisse und Gefühle erinnern.

Wenn Sie damit fertig sind, nehmen Sie ein neues Blatt und schreiben all Ihre Wünsche für die Zukunft auf. Auch hierzu kann Ihnen ein Cluster wichtige Anregungen geben. Vielleicht könnten Ihre Zukunftswünsche ja in etwa so aussehen:

Am liebsten hätte ich im Advent viel Zeit für mich. Bei einer Tasse Tee und gekauften statt selbst gebackenen Plätzchen würde ich die dunkle Jahreszeit bei Kerzenschein gern so richtig genießen. Vielleicht könnte ich für eine Stunde sogar das Telefon ausstöpseln. Ein bisschen Nelken- und Tannenduft könnte eine behagliche Atmosphäre schaffen. Auf den Weihnachtsmarkt würde ich zwar gern gehen, aber in aller Ruhe und Muße, wenn es dort nicht so voll ist. Ob ich mir sogar ein Lebkuchenherz kaufen soll?

Auch hier können Ihre Gedanken natürlich ganz anders aussehen. Vergleichen Sie zum Abschluss dann Ihre Erinnerungen mit Ihren Wünschen. Was hat sich inzwischen verändert? Wie könnten Sie als Erwachsene(r) Ihre Zeit ganz nach Ihren eigenen Vorstellungen gestalten? Setzen Sie doch gleich in der folgenden Woche ein paar von Ihren Ideen ganz spontan um. Viel Vergnügen beim Ausprobieren!

Zweiter Adventssonntag:

Welche Farbe hat Ihre Sehnsucht?

Am ersten Adventssonntag ist Ihnen sicher schon manches von dem bewusst geworden, was Sie mit der Adventszeit verbinden: vielleicht ein paar negative Assoziationen, aber bestimmt auch viele Wünsche, Sehnsüchte und schöne Erinnerungen. Betrachten Sie an diesem zweiten Adventssonntag doch einmal Ihre Wünsche und Sehnsüchte ein bisschen genauer. Was kann Ihnen der Advent an Positivem vermitteln?

Wie wär's damit?

Nehmen Sie ein großes Blatt Papier und eine Schachtel Buntstifte. Sie müssen gar keine Riesenauswahl an Stiften vor sich liegen haben, aber Ihre Lieblingsfarben sollten unbedingt dabei sein. Welche Farbe drückt Ihre Sehnsüchte am besten aus? Welche anderen Farben passen dazu?

Malen Sie nun mit der linken Hand – oder mit der rechten, falls Sie Linkshänder sind – das Grundmotiv. Vielleicht sind es Kreise, Spiralen oder Wellenlinien, die Ihre eigene Sehnsucht als Form am besten ausdrücken. Auch wenn Sie eine konkrete Vorstellung von Ihrem Motiv haben, malen Sie es mit der Hand, mit der Sie sonst nicht zeichnen.

Gibt es vielleicht einen Menschen, den Sie mit dem Advent in Verbindung bringen? Ihre Großmutter, die immer so herrlich backen konnte, oder die Mutter Ihrer Freundin, die damals so viel Ruhe und Gelassenheit ausstrahlte? Gehen Sie diesen Gefühlen nach und beobachten Sie, was Sie dabei fast automatisch zu Papier bringen. Diese Formen zeigen Ihr positives Grundgefühl, das in Ihrem Unbewussten gespeichert ist. Sie können es sich jederzeit wieder bewusst machen. Es wird Ihnen, so oft Sie wollen, ein gutes Gefühl vermitteln.

Nehmen Sie jetzt die Hand zum Malen, mit der Sie normalerweise schreiben und zeichnen. Wie fühlt sich das Malen nun an? Sie haben Ihre wichtigsten Gefühle ja bereits eingefangen. Malen Sie als nächsten Schritt sich selbst in Ihr Bild. Wo würden Sie sich wohl fühlen? In der Ecke mit den vielen Kreisen? Oder eher dort, wo noch viel freie Fläche ist? Wie würden Sie sich selbst in Bezug auf die dargestellten Gefühle am liebsten zeichnen? Eher eckig, rund oder oval, ganz klein oder so, dass Sie das ganze Bild ausfüllen?

Jetzt nehmen Sie ein neues Blatt Papier und malen die Freude auf etwas Zukünftiges in Ihrem Leben, das Sie noch gar nicht kennen. Wie könnten Sie die freudige Erwartung der Adventszeit am besten darstellen? Vielleicht als goldenen Punkt in der Mitte des Blattes, umgeben von dunkleren Farben? Welche Ideen tauchen auf? Mit Sicherheit werden viele erfreuliche Ereignisse auf Sie zukommen. Versetzen Sie sich doch jetzt schon einmal in eine richtig zuversichtliche und optimistische Stimmung und versuchen Sie diese Gefühle in Farben auszudrücken. Sie werden feststellen, wie positiv sich diese Haltung auf Ihre ganze Persönlichkeit auswirkt.

Dritter Adventssonntag:

Entfachen Sie das Feuer in sich

Der Advent kann uns auch eine Art »Schutzraum« vermitteln: Diese vier Wochen bis Weihnachten können uns, wenn wir sie bewusst nutzen, eine Zeit der Besinnung schenken, auch wenn sich das in der Hektik des Alltags oft nur schwer verwirklichen lässt.

Vielleicht haben Sie ja schon am ersten Advent beim Schreiben herausgefunden, welche Gefühle und Assoziationen diese Zeit in Ihnen auslöst. Nachdem Sie durch das Malen am vergangenen Adventssonntag Ihren Gefühlen noch ein bisschen näher gekommen sind, spüren Sie der Bedeutung dieser Zeit heute einmal auf der Körperebene nach.

Wie wär's damit?

Die Adventszeit ist ja eine richtige »Lichterzeit«: Überall finden wir Kerzen vor – auf dem Adventskranz natürlich sowieso, aber bei fast allen anderen Weihnachtsgestecken auch. Lichterketten erhellen die Fenster unserer Wohnungen und die Schaufenster der meisten Geschäfte sind ebenfalls mit weihnachtlichen Lichtern geschmückt.

Zünden Sie für diese Etappe Ihrer Reise zu sich selbst eine schöne Kerze an, die Sie besonders anspricht. Dazu lassen Sie angenehme Musik laufen, die nicht zu wild, aber auch nicht zu ruhig sein sollte. Dann setzen Sie sich vor die Kerze und blicken in die Flamme. Dabei stellen Sie sich vor, wie es wohl sein mag, eine Flamme zu sein und Wärme auszustrahlen. Wenn Sie sich vergewissert haben, dass die Kerze nichts in Brand setzen kann, legen Sie sich ganz bequem auf den Boden, schließen die Augen und spüren eine kleine Flamme in sich selbst auftauchen. Wo erscheint sie? Wo nehmen Sie ihre wohltuende Energie im Körper wahr?

Langsam wird die Flamme größer. Wie brennt sie? Eher ruhig und stetig oder flackernd und lodernd? Werden Sie nun selbst zur Flamme. Beginnen Sie sich in Ihrem eigenen Rhythmus zu bewegen. Vielleicht möchten Sie dazu aufstehen und sich zum Takt der Musik hin- und herwiegen. Vielleicht verspüren Sie aber auch den Impuls zu eher abrupten und plötzlichen Bewegungen – gerade so, als ob Sie als Flamme einmal hoch auflodern und zischen, dann wieder nur leise knacken oder mit dem Lufthauch tanzen würden.

Brauchen Sie als Flamme viel Nahrung oder genügen Sie sich eher selbst? Können Sie auch wild und verzehrend werden? Wie fühlt es sich an, selbst das Element Feuer zu verkörpern? Bewegen Sie sich ganz spontan im Raum. Vielleicht möchten Sie sich auch lieber wieder setzen oder hinlegen und nur eine kleine Flamme sein – dann tun Sie es.

Können Sie sich vorstellen, dass Sie genug Wärme haben, um andere an dieser wohltuenden Kraft teilhaben zu lassen? Würden Sie als Feuer andere in Ihrer Nähe gern wärmen – oder würden Sie lieber alles verbrennen? Nichts ist besser oder schlechter.

Spüren Sie in Ihre ureigenen Bedürfnisse als Flamme hinein. Sie können unglaublich vital sein. Sie haben enorm viel Kraft und Energie. Vielleicht sollten andere lieber Abstand halten. Sie können sie durch Ihre Wärme aber auch geradezu magisch anziehen. Immer werden Sie jedoch eine große Wirkung auf andere ausüben. Genießen Sie Ihr ureigenes Feuer.

Wenn Sie die Übung beenden möchten, setzen Sie sich wieder vor die Kerze und schauen einige Momente in die Flamme vor sich. Ob-

wohl sie ganz ruhig brennt, hat sie doch all die Energie in sich, die Sie
gerade gespürt haben. Sie haben ein Stück weit das Wesen des Feuers
kennen gelernt. Freuen Sie sich an Ihrer neuen Erfahrung und an
Ihrer Kraft.

Vierter Adventssonntag:

Geben Sie Ihren Gefühlen eine Form

Während der ersten drei Adventssonntage haben Sie sich mit verschiedenen Aspekten der Adventszeit und mit Ihren eigenen Assoziationen
dazu vertraut gemacht. Heute, am letzten Adventssonntag, befassen
Sie sich noch einmal mit dem Aspekt, der Ihnen ganz besonders am
Herzen liegt.

Wie wär's damit?

Als Abschluss der Adventszeit greifen Sie noch einmal die eindrucks-
vollste Erfahrung auf, die Sie während der vergangenen Sonntage
gemacht haben – und zwar im wahrsten Sinn des Wortes. Dazu besorgen Sie sich Ton oder eine andere Modelliermasse, die an der Luft
trocknet.

Überlegen Sie sich zunächst, welcher Aspekt Sie am meisten be-
schäftigt hat. Vielleicht war es ja die Geborgenheit, die Sie sich selbst
wieder schenken konnten und die Sie jetzt so genießen.

Wie könnten Sie nun mit der Modelliermasse dieses Gefühl der Geborgenheit am besten darstellen? Das ist ja zunächst nichts Anschauli-
ches, sondern eher ein abstrakter Begriff, den jeder anders empfindet.
Fällt Ihnen ein Symbol dafür ein?

Schließen Sie die Augen und lassen Sie Ihre Finger den nassen Ton
berühren. Betasten Sie das Material. Ist es geschmeidig oder wird
es erst in Ihren Händen formbar? Gibt es etwas – ganz bestimmte
Elemente vielleicht –, das Sie mit geschlossenen Augen ausprobieren
möchten? Lassen Sie sich dabei Zeit. Wenn Ihre Darstellung nach
Ihrem Gefühl noch nicht stimmig ist, kneten Sie den Ton wieder zu-

sammen und fangen neu an. Halten Sie aber die ganze Zeit über die Augen geschlossen. Es soll ja nicht um äußere Schönheit oder Perfektion gehen, sondern vielmehr um Ihr ureigenes Gefühl und Ihren ganz persönlichen Ausdruck. Und Echtes ist immer schön. Wenn Sie schließlich zufrieden sind, öffnen Sie die Augen. Korrigieren Sie jetzt nichts mehr, sondern genießen Sie, was Sie geschaffen haben. Was sagt es Ihnen?

Nachdem Sie Ihr Werk ausgiebig betrachtet haben, betasten Sie es noch einmal mit geschlossenen Augen. Fühlt es sich jetzt anders an oder immer noch genauso gut? Wenn Sie noch nicht ganz zufrieden sind, modellieren Sie weiter, bis das angenehme Gefühl wieder da ist. Fühlt sich die Figur genau richtig an, dann stellen Sie sie einen Moment vor sich hin und betrachten Ihr Werk voller Wohlwollen.

Vielleicht haben Sie Lust, jetzt auch mit geöffneten Augen eine Figur zu gestalten. Zum Thema Geborgenheit habe ich einmal eine wunderschöne Skulptur gesehen: Eine nach oben geöffnete Hand trug ein Kind, das ebenso groß wie die Hand war und sich vertrauensvoll hineinschmiegte. Das wäre eine Art der symbolischen Darstellung dieses Begriffs. Es gibt aber noch unzählige andere Möglichkeiten. Vielleicht verkörpert für Sie ja eher eine Kugel oder eine Raupe im Kokon Geborgenheit, vielleicht auch eine Mondschaukel oder eine Spieluhr. Womöglich gibt es so viele Varianten der Darstellung dieses Themas, wie es Menschen gibt.

Setzen Sie zum Schluss jetzt noch sozusagen sich selbst symbolisch in das Gebilde, das Sie geformt haben. Wo sind Sie? Was umgibt Sie? Wo ist Ihr Platz innerhalb der Geborgenheit, die Sie für sich selbst geschaffen haben? Denn das haben Sie in der Tat getan: sich selbst etwas gegeben, was Sie bisher vielleicht bei anderen Menschen gesucht haben. Nun wissen Sie, was Sie brauchen und wie Sie es sich selbst schenken können.

Auch mit anderen Themen wie beispielsweise Wärme, Nähe, Vertrautheit oder was Sie sonst noch an positiven Assoziationen zum Advent haben, können Sie auf diese spielerische Art umgehen und sich selbst einen guten Platz einräumen und schaffen.

Ein märchenhafter Abend

Wenn die Tage nun deutlich kürzer und die Abende immer länger und dunkler werden, beginnt auch die Zeit des Geheimnisvollen, der verborgenen Wünsche und Sehnsüchte – eine Zeit der Verzauberung.

In unserer Kindheit haben wir solche Gefühle oft erlebt, wenn uns Geschichten vorgelesen wurden oder wir sie später, als wir selber lesen konnten, regelrecht verschlangen. Vor allem Märchen enthalten zahlreiche zauberhafte und geheimnisvolle Elemente, die uns in ganz andere, nie gekannte Räume entführen und uns zeigen, auf welche Weise man sein Glück finden kann.

Es gibt so viele Geschichten, die uns früher tief berührt und fasziniert haben. Vielleicht hatten Sie ja Mitleid mit der »kleinen Meerjungfrau« von Andersen, die alles dafür tut, ein Mensch zu werden, um mit ihrem Liebsten endlich vereint zu sein. Vielleicht hatten es Ihnen aber auch die wilden Abenteuer von »Sindbad, dem Seefahrer« aus Tausendundeiner Nacht angetan, der mutig und entschlossen alle Prüfungen besteht.

Wie wär's damit?

Versuchen Sie doch, sich einmal Ihr ganz persönliches Lieblingsmärchen in Erinnerung zu rufen. Wer war der Held oder die Heldin? Was fanden Sie an der Figur so faszinierend? Hätten Sie gern ähnliche Eigenschaften wie Ihr Lieblingsheld oder Ihre Lieblingsheldin? Spricht Sie dieses Märchen heute noch genauso an?

Wenn beispielsweise »Dornröschen« Ihr Lieblingsmärchen ist, überlegen Sie, was Ihnen an diesem Märchen eigentlich so gut gefällt und welche Szene Ihnen besonders deutlich in Erinnerung geblieben ist. Vielleicht der Schluss, wenn der Prinz sich über das schlafende Dornröschen beugt und es wach küsst? Oder eher die Szene, in der sich Dornröschen an der Spindel sticht und prompt in einen hundertjährigen Schlaf fällt?

Könnten auch Sie insgeheim den Wunsch haben, alles einfach loszulassen und unterzutauchen, damit niemand Sie mehr behelligen oder Forderungen an Sie stellen kann? Dann zeigt Ihnen Ihr Lieblingsmärchen, dass Sie erst einmal an sich selbst denken und einen kleinen Zwischenstopp einlegen sollten, bevor Sie sich frisch gestärkt wieder an Ihre Arbeit machen.

Vielleicht hat es Ihnen aber auch das Märchen vom »Aschenputtel« angetan. Wenn Sie sich zum Beispiel von den momentanen Umständen bedrückt fühlen und hoffen, dass andere endlich Ihren wahren Wert erkennen, wird Sie dieses Märchen wahrscheinlich besonders ansprechen.

Welches Märchen Sie auch immer zu Ihrem persönlichen Lieblingsmärchen erklärt haben – drei Fragen sollten Sie sich jeweils stellen, um sich selbst in Ihrer Märchenfigur besser wiederzuerkennen:

1. Was an diesem Märchen gefällt mir ganz besonders und tut mir gut?
2. Welche Eigenschaften verkörpert mein Held/meine Heldin, die ich auch gern hätte?
3. Wie kann ich die Märchenbotschaft in meinem Leben am besten umsetzen?

Die meisten Volksmärchen sind recht ähnlich aufgebaut: Ein anfänglicher Mangel wird unter vielen Mühen behoben, was schließlich zu einem glücklichen Ende führt. So kann Ihnen die Beschäftigung mit Ihrem Lieblingsmärchen durchaus wichtige Hinweise darauf geben, wo Sie selbst in Ihrem Leben gerade stehen und was Sie für Ihr eigenes Glück tun können.

Wenn Sie Ihr altes Märchenbuch wieder hervorholen oder sich ein Taschenbuch mit Märchen aus Ihrer Kindheit kaufen und Ihr Lieblingsmärchen jetzt noch einmal lesen, wird Ihnen womöglich einiges auffallen. So ist zum Beispiel Aschenputtel gar nicht so hilflos, wie es auf den ersten Blick erscheinen mag: Nach vielen Demütigungen nimmt sie ihr Leben schließlich selbst in die Hand, widersetzt sich allen Anordnungen und findet so ihr Glück. Und in der Urfassung von Dornröschen, die die Brüder Grimm aus Italien und Frankreich übernommen haben, wurde das glückliche Ende keineswegs lediglich mit einem Kuss besiegelt. Dort begann damit ein aufregender zweiter Teil, in dem Dornröschen von ihrem Prinzen getrennt wird und ihn nun auf einer mühsamen Wanderung wiederfinden muss. Der Schlaf allein bringt also auch nicht das ersehnte Glück. So ist für ein märchenhaftes Ende zunächst einmal viel Eigeninitiative gefragt.

Die Beschäftigung mit Märchen ist eine ausgesprochen spannende Sache. Denken Sie sich doch einmal Ihr ganz persönliches Märchen aus. An welchem Ort würde es spielen? Welche Figuren kämen darin vor? Was für Abenteuer hätten sie zu bestehen? Und wie sähe der optimale Schluss aus? Können Sie Parallelen zu Ihrem Leben entdecken?

Jetzt wünsche ich Ihnen viel Freude an Ihrem märchenhaften Adventsabend!

Meditation der Wärme

Wenn es draußen kälter wird, der Regen ans Fenster prasselt und sich schon einzelne Schneeflocken zeigen, sehnen wir uns nach Behaglichkeit und Wärme. Mit dieser Meditation können Sie sich selbst wohltuende Wärme schenken.

Wie wär's damit?

Legen Sie sich ganz gemütlich und entspannt hin, so dass Sie sich so richtig wohl fühlen. Am besten sorgen Sie dafür, dass Sie auf einem weichen, aber doch angenehm festen Untergrund liegen. Atmen Sie tief ein und aus und lassen Sie den warmen Atem durch Ihren Körper strömen. Dabei werden Sie immer ruhiger und entspannter.

Stellen Sie sich nun vor, wie Sie ganz allmählich in eine Wolke aus orange-, gelb- und rosafarbenem Licht gehüllt werden. Wie auf Watte gebettet schweben Sie in diesem weichen Kokon mit den warmen Farben. Sie fühlen sich getragen und leicht, geborgen und doch frei. Das Licht der zarten Wolke strahlt eine angenehme Wärme aus. Das Gelb schenkt Ihnen Optimismus und Lebensfreude, das Orange wärmt Sie und das Rosa umhüllt Sie mit Zärtlichkeit. Sie fühlen sich immer wohler.

Achten Sie nun ganz bewusst auf Ihren Körper, der sich immer mehr entspannt. Wo sind noch Stellen, die Ihrer besonderen Aufmerksamkeit bedürfen? Vielleicht Ihre immer noch verspannten Schultern oder Ihr Nacken, Ihre schweren Füße oder Ihre kalten Hände? Gehen Sie mit Ihrem Bewusstsein zu diesen Körperteilen und stellen Sie sich vor, wie die orange Farbe die jeweilige Körperpartie durchströmt. Spüren Sie, wie gut Ihnen dieses warme Orange tut? Lassen Sie diese Stelle nun in ein warmes Gelb tauchen. Das klärt und gibt neue Lebensimpulse. Zum Abschluss schicken Sie noch Rosa dorthin. Lassen Sie den Körperteil, der besonderer Aufmerksamkeit bedarf, ganz in rosafarbenes Licht eintauchen. Sie spüren die Sanftheit, Zärtlichkeit und Liebe dieser Farbe in jeder Zelle Ihres Körpers.

Wenn Sie sich dann ganz entspannt fühlen, machen Sie noch eine Reise durch Ihren Körper. Gibt es momentan irgendein Krankheitssymptom? Gehen Sie mit Ihrem Bewusstsein langsam dorthin und spüren Sie hinein. Welche Farbe strahlt es aus? Haben Sie eine Ahnung, welche Farbe ihm helfen könnte? Lassen Sie sich ruhig ein paar Minuten Zeit. Sie werden von Ihrem Symptom bestimmt eine Antwort bekommen.

Fragen Sie in Gedanken Ihren Körper, was ihm gut tun würde. Wenn Sie die Antwort wissen, schicken Sie genau das dorthin, was Ihr Körper jetzt braucht. Sie werden merken, wie gut er sich auf einmal anfühlen wird. Sind es bestimmte Farben, die Ihnen helfen könnten? Oder ist es eine spezielle Botschaft, die Ihr Körper hören möchte? Sehnt er sich nach einer liebevollen Berührung?

Nachdem Sie sich ausreichend Zeit genommen und Ihrem Körper all das gegeben haben, was er sich gewünscht hat, beenden Sie die Meditation. Dazu baden Sie Ihren ganzen Körper in einem weißen Licht. Aalen Sie sich so richtig darin. Anschließend stellen Sie sich ein sanftes rosafarbenes Licht vor, das Sie ganz einhüllt. Zum Abschluss tauchen Sie dann in ein goldenes Licht ein, das sie umhüllt und nährt.

Bleiben Sie jetzt noch ein paar Minuten ganz entspannt liegen und öffnen Sie dann die Augen. Sie werden sich gestärkt, warm und rundum wohl fühlen.

Weihnachten

Weihnachten: ein Fest, das wohl keinen von uns unberührt lässt. Doch seit wann gibt es eigentlich das Weihnachtsfest, das in unserem Kulturkreis heute eine so große Rolle spielt? Und welche Vorgeschichte hat es?

Bereits lange vor der Verbreitung des Christentums war die Mittwinterzeit von großer Bedeutung für die Menschen: Altes und Vergangenes sollte abgeschlossen und ein neuer Zyklus glückbringend begonnen werden. Vor allem in nordischen Ländern gibt es noch heute zahlreiche Bräuche, mit denen die Wintersonnenwende, das aufsteigende Licht, gefeiert wird.

Mit der zunehmenden Christianisierung verdrängte das Weihnachtsfest dann nach und nach in vielen europäischen Gegenden die alten Fruchtbarkeits- und Sonnenkulte. Andererseits haben wiederum manche Symbole der verschiedenen Riten Eingang in die Gestaltung des christlichen Weihnachtsfestes gefunden – wie beispielsweise die Bedeutung der Lichter, aber auch der Brauch, den Weihnachtsbaum mit Äpfeln zu schmücken, die Fruchtbarkeit symbolisieren sollten und später zu Kugeln stilisiert wurden.

813 n. Chr. wurde Weihnachten – die Feier von Christi Geburt – durch eine Mainzer Synode dann offiziell zum kirchlichen Feiertag erklärt. Aber erst einige Jahrhunderte später – im 14. Jahrhundert – wurde Weihnachten auch über die kirchliche Bedeutung hinaus populär.

Doch die äußeren Merkmale sind gar nicht so entscheidend für das Weihnachtsfest. Dieser besondere Tag im Jahr ist vor allem mit starken Emotionen besetzt: Weihnachten als Fest der Familie, Fest der Geschenke – und als Fest der Liebe.

Wenn wir das Stichwort Liebe hören, denken wir meistens sofort an einen Partner – umso schlimmer, wenn gerade keiner da ist. Dass es auch eine ganz andere Form der Liebe geben kann, kommt uns oft gar nicht erst in den Sinn: Weihnachten als Fest der Liebe – der Liebe zu uns selbst! Und das ist nicht etwa in einem egoistischen Sinn gemeint, sondern in einem wirklich ganzheitlichen.

Wenn wir die Geburt Christi nicht nur als historisches, also äußeres Ereignis betrachten, kann sich die eigentliche Botschaft des Festes auch in uns selbst vollziehen. Dann ist Weihnachten gar kein Familienfest mehr, wie wir es mit unseren Eltern, Großeltern, Geschwistern und anderen Verwandten gefeiert haben – Weihnachten findet in uns selbst statt. Denn nicht nur die Erinnerung an die Geburt Jesu, sondern auch die Geburt eines neuen Aspekts in uns selbst können wir feiern.

Dann fühlen wir uns auch nicht länger einsam, sondern können die Botschaft des Weihnachtsfestes ganz in uns aufnehmen und so richtig genießen. Nicht mehr die Trauer über die vermeintliche Einsamkeit herrscht vor, sondern die Freude an unserer ganz persönlichen Feier, die wir völlig nach unseren ureigenen Bedürfnissen und Wünschen gestalten können. Wer weiß: Vielleicht beneiden die anderen Sie am Ende sogar um diese Chance.

Damit wird Weihnachten nicht mehr zu einem Tag der Angst vor scheinbarer Einsamkeit, sondern Sie können das Alleinsein produktiv nutzen und all Ihre Vorstellungen zu Ihrer Freude und Zufriedenheit umsetzen. Vielleicht werden Sie hinterher sogar sagen: »So schön wie mit mir selbst habe ich Weihnachten noch nie gefeiert.«

In diesem Kapitel finden Sie jede Menge Tipps und Vorschläge für ein gelungenes Weihnachtsfest allein – vom Morgen des 24. Dezember bis Mitternacht. Am besten probieren Sie es selbst aus: Greifen Sie einfach auf, was Ihnen gefällt und lassen Sie weg, was Sie nicht anspricht. Es ist Ihr ganz individuelles Weihnachtsfest. Haben Sie Spaß mit sich selbst und genießen Sie es. Es wird sicher ein schöner Tag werden!

Süßes Frühstück im Bett

Haben Sie in den vergangenen Jahren am Morgen des 24. Dezember auch noch schnell die letzten Einkäufe erledigt und anschließend Ihre Wohnung auf Vordermann gebracht? Das ist jetzt vorbei. Dieses Jahr können Sie den Tag so richtig gemütlich angehen und ausgiebig genießen.

Sie müssen nicht für mehrere Personen einkaufen oder noch schnell den Fußboden aufwischen. Schlafen Sie doch erst einmal in aller Ruhe aus, während sich andere Leute mit den letzten Vorbereitungen für das Fest abhetzen. Vielleicht haben Sie dann ja Lust, den Tag mit einem leckeren und stimmungsvollen Weihnachtsfrühstück der besonderen Art zu beginnen: Nussbällchen, gefüllte Datteln und ein knuspriges Zimtmüsli.

Wie wär's damit?

Sie haben bei der Vorstellung schon richtig Appetit bekommen? Dann nichts wie los! Für die *Nussbällchen* brauchen Sie:

> 1 Tasse gemahlene Haselnüsse
> 3 Esslöffel Honig
> 1 Esslöffel Rosinen
> 1 Esslöffel Kakaopulver
> Sesam zum Bestreuen

Geben Sie die gemahlenen Nüsse, die Rosinen und den Honig in eine Schüssel und kneten Sie alles gut durch. Dann formen Sie aus der Masse kleine Bällchen, die Sie zunächst in Kakaopulver und anschließend im Sesam wälzen. Diese kleine Köstlichkeit ist schnell zubereitet und schmeckt ausgesprochen gut.

Ebenfalls besonders lecker – und genauso einfach in der Herstellung – sind *gefüllte Datteln*. Probieren Sie's doch mal aus. Sie brauchen dazu:

> 5 Datteln
> 5 halbe Walnüsse
> 1 Esslöffel Honig

Entkernen Sie zunächst die Datteln und füllen Sie sie dann jeweils mit einer halben Walnuss. Dann erwärmen Sie den Honig und gießen ihn anschließend über die gefüllten Datteln.

Ein gelungener Abschluss für Ihr süßes Frühstück könnte ein *weih-nachtliches Zimtmüsli* sein. Ein selbst gemachtes Müsli schmeckt ja wirklich weitaus besser als die üblichen Fertigprodukte. Dafür nehmen Sie:

50 Gramm Haferflocken
50 Gramm Cornflakes
1 Esslöffel Kokosflocken
1 Esslöffel gehackte Haselnüsse
2 Teelöffel Orangeat
frische Orangen- und Apfelstückchen
Honig, Zimt und Koriander

Wenn Sie all diese Zutaten mischen und dann Milch oder Joghurt da-rüber gießen, bekommen Sie schon morgens im Bett – wenn Sie es ganz gemütlich haben wollen – oder am Frühstückstisch im wahrsten Sinn des Wortes einen kleinen Vorgeschmack auf Weihnachten.

Weihnachtsschmuck einmal anders

Weihnachten verbinden wir in der Erinnerung oft mit üppigen Deko-rationen und glitzernden Lichtern. All das soll eine festliche Atmos-phäre und ein Gefühl der Behaglichkeit und Geborgenheit schaffen. Warum machen wir uns diese Mühe aber eigentlich nur für Freunde und Verwandte, für uns allein jedoch nicht? Verwöhnen Sie sich doch einmal selbst mit einer stimmungsvollen Weihnachtsdekoration.

Eine Regel sollten Sie dabei allerdings beherzigen: Machen Sie nichts so, wie Sie es bisher mit Ihrer Familie zusammen gewohnt waren. Auch die strahlenden Kinderaugen unter dem Weihnachtsbaum aus den Werbeprospekten sollten Sie besser vergessen. Viele der an-geblich so romantischen Weihnachtsgefühle haben nämlich die lästige Angewohnheit, sich mehr und mehr aufzuplustern, je mehr Raum Sie der Erinnerung geben. Lassen Sie sie lieber dort, wo sie auch hin-gehören: in der Vergangenheit.

Verzichten Sie also auf den Tannenbaum, der mit Großmutters Holzkugeln geschmückt wird, auf die CD mit den traditionellen Liedern (spätestens bei »O du fröhliche« würden Ihnen ohnehin Tränen der Verzweiflung herunterlaufen) und auf den Duft des üblichen Bratens, den Sie eigentlich noch nie besonders mochten.

Schaffen Sie in Ihrer Wohnung stattdessen eine klare, auf völlig neue Weise stimmige Weihnachtsatmosphäre, die ganz Ihren eigenen Bedürfnissen entspricht. Dabei können Sie durchaus auf die »klassischen« Dekorationen wie Tannengrün und Kerzen zurückgreifen. Sie können damit jedoch auch eine ganz andere Art von Weihnachtsstimmung hervorzaubern, als Sie bisher erkannt haben.

Tannengrün statt Weihnachtsbaum

Wenn wir an weihnachtlichen Tannen- oder Fichtenduft denken, taucht in unseren Erinnerungen wohl auch immer der obligatorische Weihnachtsbaum auf, um den sich am Heiligen Abend die ganze Familie mehr oder weniger friedlich versammelt hat. Zumindest auf Fotos oder Gemälden früherer Zeit wird uns diese Idylle immer wieder vor Augen geführt. Dabei hat der Weihnachtsbaum gar keine so lange Tradition, wie man eigentlich vermuten könnte.

Noch im 17. Jahrhundert schrieb der Straßburger Geistliche Johann Konrad Domhauer recht abwertend: »Unter anderen Lappalien, damit man die alte Weihnachtszeit oft mehr als mit Gottes Wort begeht, ist auch der Weihnachts- oder Tannenbaum, den man zu Hause aufrichtet, denselben mit Puppen und Zucker behängt und ihn hernach schüttelt und abblühen lässt.«

Gegen diese »Lappalie« zog sogar noch vor 200 Jahren die katholische Kirche ins Feld, die diesen Brauch ausdrücklich ablehnte. Schließlich wurde das Abschlagen der Bäume sogar gerichtlich verboten – allerdings keineswegs aus Gründen des Umweltschutzes, sondern um dem vermeintlichen Aberglauben ein Ende zu setzen.

Ursprünglich wurden in Häusern aber gar keine Bäume aufgestellt, sondern immergrüne Zweige an den Wänden und sogar an der Zimmerdecke befestigt. Sie sollten die bösen Einflüsse der zwölf winterlichen Raunächte bannen. Tanne und Fichte, Stechpalme und Wacholder, Eibe und Kiefer dienten diesem Zweck, aber auch Buchsbaum, Kronsbeere und Efeu.

Sie alle trotzen Eis und Schnee, und ihre Lebenskraft bleibt auch unter den unwirtlichsten Bedingungen ungebrochen. So wurden diese Pflanzen als Symbol des Sieges des Lebens über den Tod angesehen. Geschmückt mit Äpfeln und Nüssen verkörperten sie noch dazu den Aspekt der Fruchtbarkeit.

Wie wär's damit?

Nach einem ausgiebigen und gemütlichen Weihnachtsfrühstück würde es sich heute anbieten, lieber einen kleinen Waldspaziergang zu machen, statt im überfüllten Supermarkt noch die letzten Reste zu ergattern. Wenn es in Ihrer näheren Umgebung keinen Wald gibt, kann auch ein Gang durch den Stadtpark eine schöne Einstimmung auf Weihnachten sein. Am 24. Dezember zur Mittagszeit werden Ihnen dort wahrscheinlich nur wenig Menschen begegnen. Wenn Sie an den Rummel in den überfüllten Geschäften denken, können Sie Ihren kleinen Ausflug bestimmt noch einmal so gut genießen.

Doch der Spaziergang an der frischen Weihnachtsluft hat noch einen anderen Zweck: Im Wald oder im Park liegen vom Herbst her meistens noch viele abgefallene Zweige immergrüner Bäume herum – und aus denen können Sie Ihren eigenen Weihnachtsschmuck basteln.

Zu kleinen Sträußen zusammengestellt sehen sie an oder neben Bilderrahmen ganz bezaubernd aus. Dafür binden Sie einfach zwei oder drei Zweige mit einem breiten Satinband in Ihrer Lieblingsfarbe zusammen, schlagen einen dünnen Nagel in die Wand – manchmal reichen auch Reißzwecken und doppeltes Klebeband – und befestigen das Satinband mit den Zweigen daran.

Sie können auch ein paar Zweige in Ihr Regal legen, in eine Vase stellen – vielleicht neben Ihre Couch – oder in der Küche und im Bad hübsch drapieren. So erfüllt ihr frischer Duft Ihre ganze Wohnung. Und noch dazu sehen viele kleine Arrangements oft weitaus schöner aus als ein einziger großer Baum in einer Ecke des Zimmers.

Kerzenschein schafft Geborgenheit

Neben immergrünen Zweigen zaubern vor allem Kerzen eine heimelige Atmosphäre herbei, die viel Geborgenheit und Wärme schenkt. Kerzen symbolisieren das Licht, das die Dunkelheit durchbricht und überwindet.

In den skandinavischen Ländern wird bereits am 13. Dezember der Tag der heiligen Lucia gefeiert, indem sich die Mädchen Lichterkronen auf den Kopf setzen. Nach dem alten Julianischen Kalender, der in Deutschland und Schweden noch bis ins 18. Jahrhundert Gültigkeit hatte, galt der 13. Dezember als der dunkelste Tag des Jahres. Und so wurde und wird auch heute noch an diesem Tag der heiligen Lucia gedacht, die übrigens aus Sizilien stammte und im Jahre 310 als Märtyrerin für ihren Glauben starb.

Kerzen üben auf uns eine große Faszination aus. Mit ihrem sanften Licht und ruhigen Schein können sie sogar einen fremden Ort in ein Zuhause verwandeln. Vielleicht fühlen wir uns deshalb nicht mehr einsam, wenn wir in die ruhige, stetige Flamme blicken, die auch in uns Stille und Vertrauen einkehren lässt.

Wie wär's damit?

Kerzen können Sie nicht nur im Wohnzimmer, sondern auch einmal an ganz verschiedenen Stellen in Ihrer Wohnung aufstellen. So kann zum Beispiel ein »Kerzenpfad« im Flur oder ein Kerzenarrangement im Badezimmer eine zauberhafte, geheimnisvolle Stimmung schaffen. Dabei sollten Sie die brennenden Kerzen aber immer im Blickfeld behalten, bzw. dafür sorgen, dass nichts in Brand geraten kann.

Besonders gut zur Geltung kommen einfache Teelichter, wenn Sie sie anstatt in Aluminiumhüllen in Glasschälchen setzen. Einen eindrucksvollen Effekt erreichen Sie auch, wenn Sie ein paar Teelichter auf einen Spiegel stellen – damit verdoppelt sich ihre Wirkung.

Wenn Sie Lust haben, besorgen Sie sich Schwimmkerzen und lassen sich vom Widerschein der ruhigen Lichter in einer großen, mit Wasser gefüllten Schale verzaubern. Sie können Schwimmkerzen aber auch selbst basteln, indem Sie aus Teelichtern die Dochte mit dem Bodenplättchen herauslösen, das Wachs schmelzen und beides in halbe Walnussschalen geben. Die schwimmenden Kerzen sehen dann wie kleine Herzen aus. Vielleicht möchten Sie die Kerzen ja auch mit vielen guten Wünschen in der Dämmerung in einen Fluss oder Bach setzen – Sie werden sehen, das kann ein wunderbar romantisches Erlebnis werden.

Ein Arrangement von mehreren Kerzen in unterschiedlich hohen Haltern sieht immer ausgesprochen festlich aus. Sie können aber auch mehrere Kerzen in verschiedenen Ecken Ihres Zimmers verteilen und so lauter kleine »Lichtinseln« schaffen.

Wenn Sie wollen, können Sie eine große weiße oder goldene Weihnachtskerze, die das Weihnachtslicht symbolisiert, in die Mitte Ihres Zimmers oder in die Mitte des Adventskranzes stellen. Auch Kommunionkerzen, in jedem Kaufhaus zu haben, eignen sich dazu sehr gut. Lassen Sie sich ganz von Ihrem Gefühl und Ihrer Intuition leiten.

Besonders schön und festlich wird es in Ihrem Wohnzimmer, wenn Sie gar keine Lampen anschalten, sondern die Kerzen ganz allein eine märchenhafte Atmosphäre herbeizaubern.

Weihnachtsgedanken

Weihnachten – kein anderes Fest ruft wohl so viele zwiespältige Gefühle hervor. Auf der einen Seite die Sehnsucht nach der vollkommenen Familienidylle: glückliche Kinder vor einem prachtvoll geschmückten Weihnachtsbaum und ebenso glückliche Eltern, die zufrieden lächelnd Hand in Hand im Hintergrund stehen. Wir riechen förmlich den knusprigen Braten, der im Ofen vor sich hinbrutzelt, und spüren die Wärme und Geborgenheit im Kreis unserer Lieben.

Auf der anderen Seite eine tiefe Angst: »Weihnachten allein? Wie soll ich das bloß aushalten? Alle anderen unterm Tannenbaum glücklich vereint, nur ich sitze einsam und verlassen in meiner Wohnung.« Alles erscheint so leer.

Aber haben Sie eigentlich schon einmal darüber nachgedacht, dass es sogar ein regelrechtes Privileg sein kann, Weihnachten allein zu feiern? Sie haben endlich die Möglichkeit, Ihr Weihnachtsfest nach Ihren ureigenen Bedürfnissen zu gestalten – ganz ohne Stress und falsche

Rücksichtnahme. Sie können sich in aller Ruhe und Besinnlichkeit auf den wirklichen Inhalt des Festes konzentrieren, nämlich darauf, dass Jesus Christus und damit das Licht, die Liebe und die Wahrheit in unsere Welt gekommen sind. Und Sie haben jetzt die Möglichkeit, dieses Wunder wirklich in Ihrem Herzen zu spüren. Denn darum geht es an Weihnachten: sich wieder tief mit seinem Herzen zu verbinden. Und das gelingt allein oft am besten.

Oder haben Sie jemals viel von dieser beglückenden inneren, ja sogar meditativen Freude gespürt, wenn Sie mit Ihren Verwandten zusammengesessen sind, nachdem Sie sich stundenlang in der Küche abgerackert hatten? Wenn Sie notgedrungen dem obligatorischen Spieleabend zugestimmt haben oder sich die alten Lieblingswitze Ihres Onkels zum x-ten Mal anhören mussten?

Was wir im Rückblick oft so verklärt sehen, ist in Wirklichkeit gar nicht immer so schön gewesen. Auch bei uns zu Hause wurden die üblichen Weihnachtslieder auf der Blockflöte gespielt, während sich die anderen Gäste unterhielten. Meistens dudelte dann noch eine Platte von James Last mit seinem fröhlichen Sound vor sich hin, damit überhaupt ein Hauch von Weihnachtsstimmung aufkam.

Erst wenn es schließlich ganz still im Haus war, stand ich einen Moment an der Tür und blickte zu den Sternen am Firmament empor. Dann breitete sich eine tiefe Zufriedenheit in mir aus, die ich auch später immer wieder beim Alleinfeiern empfand – jene echte Weihnachtsfreude, die mich auf einer ganz anderen Ebene wieder glücklich mit allen Menschen verband. Mein ganz persönliches Weihnachten hatte begonnen.

Malen Sie Ihr eigenes Mandala

Das Wort *Mandala* stammt aus der indischen Sprache Sanskrit und bedeutet schlicht »Kreis«. Ein Mandala ist ein kreisförmiges Bild, dessen Mittelpunkt wiederum ein kleiner Kreis bildet. Dabei dient der Kreis als Symbol für die Ganzheit.

Der Rand oder äußere Kreis eines Mandalas kennzeichnet die äußere Welt, die im wahrsten Sinn des Wortes ein dauerndes »Kreisen«, ein ständiger Kreislauf ist. In diesem Sinn könnte man die äußere Welt mit einer Art Wirbelsturm vergleichen, in dem alles herumgeschleudert, und umhergewirbelt wird, während im Inneren – im Zentrum des Zyklons – absolute Stille herrscht.

Um in diese Ruhe eintauchen zu können, müssen wir jedoch den äußeren Kreis, die äußere Welt verlassen und uns nach innen – zum Mittelpunkt des Kreises – begeben. Das gelingt am besten durch Meditation: Dazu setzen Sie sich möglichst aufrecht auf einen Stuhl oder auf eine Decke am Boden, wenn möglich im Lotossitz oder im Schneidersitz. Dann ziehen Sie Ihre Gedanken allmählich von den Problemen, Sorgen und auch Freuden der äußeren Welt ab und kommen so nach und nach zur Ruhe.

Dabei können Sie sich auf den Mittelpunkt des Kreises konzentrieren, der in verschiedenen Religionen dem Inneren und Gott zugeordnet wird. Somit macht der Kreis als Symbol deutlich, dass wir uns nicht in der Welt verlieren müssen, sondern Geborgenheit in der eigenen Mitte finden können.

Gerade ein Weihnachtsfest allein ist eine wunderbare Gelegenheit, Zugang zu dieser Geborgenheit in uns selbst zu finden. Wir ziehen die Energie vom äußeren Kreis des Lebens – den üblichen Beschäftigungen und Ablenkungen, vielleicht auch der Einsamkeit, der Verzweiflung, der Ängste – Schritt für Schritt ab und lenken sie nach innen: auf das Zentrum, auf den ruhenden Pol in unserem Leben. Dieses Zentrum ist immer vorhanden – ganz egal, wie wir uns gerade fühlen mögen – und schenkt uns Mut, Hoffnung und Licht. Oft nehmen wir dieses Licht in unserem Inneren allerdings gar nicht wahr, weil es durch die Hektik des äußeren Lebens überdeckt wird.

Umso besser tut es uns, wenn wir uns gerade an Weihnachten Zeit für uns selbst nehmen und uns nicht schon wieder in den allgemeinen Trubel stürzen, sondern unser inneres Licht wirklich zum Leuchten bringen.

Wir haben alles in uns, was wir brauchen, um glücklich zu sein. So wie nach der Wintersonnenwende die Kraft der Sonne immer mehr zunimmt, dürfen wir getrost hoffen, dass auch unser inneres Licht, unsere innere Freude, immer mehr Kraft entwickelt.

Wenn Sie einmal genau hinschauen, werden Sie auch in der Natur überall Mandalas entdecken: zum Beispiel in Form von Blüten oder Schneeflocken, von denen jede einzelne ebenso einzigartig ist, wie wir es sind – jeder von uns. Durch das Mandala-Malen konzentrieren wir uns auf diese innere Freude, die uns Mut zum eigenen Mittelpunkt, zu Gott, gibt.

Wie wär's damit?

Sie können Ihr eigenes Weihnachtsmandala malen, indem Sie auf einem großen Blatt Papier mit dem Zirkel einen Kreis ziehen. In diesen Kreis zeichnen Sie als Mittelpunkt nochmals einen ganz kleinen Kreis, der nun Ihr Zentrum symbolisiert.

Malen Sie das Zentrum in einer hellen Farbe wie etwa Weiß, Gold oder Gelb aus. Sie werden intuitiv spüren, welche Farbe für Sie die richtige ist.

Nun füllen Sie den ganzen äußeren Kreis des Mandalas mit symmetrisch verlaufenden Formen aus – am besten von innen nach außen –, so dass ein harmonisches Bild, ein ganzheitlicher Kreis entsteht.

Nehmen Sie sich für das Zeichnen viel Zeit. Aber denken Sie daran: Es geht nicht darum, ein perfektes Mandala zu malen. Wichtig ist vielmehr, dass Sie Zugang zu Ihrem innersten Wesen finden und sich trauen, Ihren Eingebungen zu folgen.

Wenn es zu Ihrem Mandala nichts mehr hinzuzufügen gibt – und das werden Sie genau merken –, legen Sie den Stift aus der Hand und betrachten Ihr Werk. Versenken Sie sich in Ihr Mandala, spüren Sie seinen Formen nach. Dann schließen Sie die Augen und nehmen es wieder ganz in Ihr Inneres auf. Sie werden sich jetzt wahrscheinlich viel ruhiger und ausgeglichener fühlen als zuvor.

Wenn Sie Lust dazu haben, legen Sie jetzt Farbstifte oder Wasserfarben neben Ihr Mandala und erspüren intuitiv die Farben, die Ihnen besonders gut tun. Dann malen Sie Ihr Mandala aus. Dabei sollten Sie darauf achten, nicht zuerst zum Beispiel links außen und dann rechts innen eine Stelle auszumalen, sondern stetig Ihren Mittelpunkt zu umkreisen. Das wird einige Zeit dauern, aber es lohnt sich: Sie werden dabei ganz neue Facetten Ihres Wesens entdecken.

Genießen Sie zum Abschluss Ihr fertiges Mandala noch einmal so richtig, nehmen Sie all die Formen und Farben in sich auf und spüren Sie den Einklang mit sich selbst. Sie haben hier etwas ganz Einmaliges und Kostbares erschaffen.

Wenn Sie mögen, können Sie während des Zeichnens und Malens auch leise, ruhige Musik hören. Kerzen tragen mit ihrem warmen Licht ebenfalls viel zu einer schöpferischen Atmosphäre bei – verzichten Sie also möglichst auf Neonlicht. Und machen Sie es sich beim Malen so bequem und gemütlich wie möglich, ob Sie dabei nun auf dem Boden, am Tisch oder woanders sitzen.

Falls Sie es sich gar nicht zutrauen sollten, selbst ein Mandala zu zeichnen, können Sie sich auch in einer Buchhandlung einen Mandala-Malblock besorgen und ein Mandala nach Ihren Vorstellungen ausmalen. Aber wie gesagt: Es kommt überhaupt nicht auf künstlerische Perfektion, sondern allein auf den eigenen Ausdruck an – und der ist immer vollkommen.

Vertrauen Sie auf sich selbst, auf das, was Ihnen ganz persönlich gefällt. Es geht allein darum, ganz sich selbst zu sein, sich etwas Gutes zu tun und sich so anzunehmen, wie man ist.

Licht ins Leben bringen

Da Weihnachten an einem der dunkelsten Tage im Jahr gefeiert wird, ist die Weihnachtsbotschaft eng damit verbunden, das neu auferstehende Licht zu begrüßen. Wäre das nicht eine wunderbare Gelegenheit, auch in Ihr persönliches Leben mehr Licht bringen?

Manchmal erscheint uns das Leben ja ziemlich grau und trostlos. Wir fühlen uns einsam, hilflos und verzweifelt und sehnen uns nach Erlösung oder der Lösung eines Problems. Dann kann uns Weihnachten neue Zuversicht vermitteln. Das Weihnachtsfest verkörpert schließlich einen Wendepunkt im Jahr: Jetzt geht es wieder aufwärts, hin zu mehr Licht, auch wenn alles noch so dunkel erscheint. Das Schwierigste ist bereits geschafft.

Ab jetzt werden die Tage auf jeden Fall wieder heller werden, zwar in ganz kleinen Schritten, aber doch stetig und mit ein wenig Geduld schon bald spürbar. Und das gilt auch für unser Leben: Wenn wir nur noch ein kleines bisschen warten können, dann wird für uns das Licht ebenfalls wieder zu leuchten beginnen und unser Leben in einen neuen Glanz hüllen, auf den wir vielleicht schon nicht mehr zu hoffen gewagt hatten. Auch diese frohe Botschaft verkündet Weihnachten: Für uns ist noch alles möglich!

Wie wär's damit?

Machen Sie sich eine Situation bewusst, die Sie zur Zeit belastet, in der Sie sich überfordert fühlen oder mit Schwierigkeiten zu kämpfen haben.

Wenn Sie Ihr Problem deutlich vor sich sehen, versuchen Sie die Situation auf einem Blatt Papier darzustellen. Das Bild kann auch ganz abstrakt sein. Wenn Ihr Problem mit anderen Menschen zu tun hat, dann malen Sie sich selbst in Bezug zu diesen Leuten: Wo stehen Sie? Wo sind die anderen? Wie verhalten sie sich Ihnen gegenüber? Was tun Sie? Wie fühlen Sie sich?

Wenn das Problem nicht mit anderen Menschen zusammenhängt, dann malen Sie die Umgebung, die Sie belastet, oder den Mangel, unter dem Sie leiden. Beziehen Sie sich selbst aber auf jeden Fall immer in die entsprechende Situation mit ein. Wenn Sie die Gefühle deutlich spüren, die diese Umstände in Ihnen auslösen, versuchen Sie sich vorzustellen, wie aus einem ganz mit schwarzen Wolken verhangenen Himmel plötzlich ein paar Sonnenstrahlen hervorblitzen. Immer mehr Strahlen durchdringen die Wolken und tauchen alles in ein warmes Licht. Jetzt fällt das Sonnenlicht direkt auf die Situation, die Sie belastet, und erfüllt alles mit hellem Glanz.

Wenn Sie sich nun vorstellen, wie sich Ihre Verzweiflung langsam auflöst, werden Sie im strahlenden Licht der Sonne die beste Lösung für Ihr Problem finden. Lassen Sie sich nicht irritieren, wenn Ihnen die Lösung zunächst vielleicht etwas unrealistisch vorkommt. Wichtig ist vor allem, dass sich Ihr Leben langsam wieder erhellt.

Vielleicht haben Sie jetzt Lust, in hellem Gelb oder Orange Ihren Lösungswunsch für die ursprüngliche Situation in Ihr Bild hineinzumalen. Damit haben Sie sich bereits eine gute Ausgangsbasis für die Lösung Ihres Problems geschaffen. Sie werden staunen, in welchem

Maß sich die Helligkeit schon in der nächsten Zeit in Ihrem Leben ausbreiten wird.

Himmlische Musik und zauberhafte Düfte

Neben einer stimmungsvollen Dekoration tragen vor allem auch die passende Musik und angenehme Düfte einen wesentlichen Teil zu einer traumhaften Weihnachtsatmosphäre bei. Grund genug, sich einmal ein paar Gedanken darüber zu machen, wie Sie Ihr Weihnachtsfest in dieser Hinsicht gestalten wollen.

Festliche Musik

Wenn die traditionellen Weihnachtslieder Sie eher wehmütig oder gar traurig stimmen, wird es Zeit, dass Sie sich Ihre ganz persönliche Musikauswahl zusammenzustellen, die Ihnen Kraft, Freude und ein rundum positives Gefühl vermittelt.

Wie wär's damit?

Wenn Sie geistliche Musik mögen, sollten Sie sich unbedingt einmal die Cäcilienmesse von Charles Gounod anhören. Diese Musik ist ausgesprochen kraftvoll, von großer Farbigkeit und noch dazu wundervoll romantisch. Vor allem der dritte Satz, das Credo, besticht durch seine Ausdrucksvielfalt – vom Vertrauen in Gott bis zu einem leisen Ausklang visionärer Freude. Auch das Sanctus, der fünfte Satz, kann Ihnen viel Zuversicht und Vertrauen vermitteln. In der Cäcilienmesse sind geistliche und weltliche Aspekte auf wunderbare Weise vereint. Diese Musik wird Ihnen jegliches Gefühl der Einsamkeit nehmen und Sie in eine optimistische und freudvolle Stimmung versetzen.

Eine stillere und noch besinnlichere Atmosphäre schaffen die Gregorianischen Gesänge. Hier können Sie beim Zuhören beinahe schon die weihnachtliche Stimmung in der Kirche spüren und den Weihrauchduft riechen. Diese Musik eignet sich übrigens auch gut zum Meditieren oder zum Mandala-Malen.

Ebenfalls meditativ, wenn auch auf ganz andere Art, ist die Musik von Mike Rowland. Mit »Fairy Ring« und »Silver Wings« sind ihm zwei besonders ansprechende Kompositionen gelungen. Zarte Klänge lassen geheimnisvolle Landschaften entstehen, die sowohl Ruhe als auch Weite und Freude ausströmen.

Vielleicht haben Sie aber auch selbst schon klare Vorstellungen von der Musik, die für Sie genau die »richtige« für diesen Anlass ist. Oder Sie stöbern einfach einmal ein bisschen in Ihrer Stadtbibliothek herum: Dort kann man oft auch CDs und Kassetten ausleihen. Vielleicht entdecken Sie dabei ja noch ganz andere Richtungen. Folkloristische Musik zum Beispiel eignet sich für Weihnachten ebenso gut wie Panflöte oder die wunderschönen Konzerte für Harfe von Mozart. Lassen Sie sich ganz von Ihrer jeweiligen Stimmung leiten – schließlich ist es Ihr ganz persönliches Weihnachtsfest.

Weihnachtliche Duftkompositionen

Nicht nur über das Hören – also über die Ohren –, sondern auch über Ihren Geruchssinn – die Nase – können Sie etwas für Ihre Stimmung tun. Düfte können ihren Teil zu einem gelungenen Fest beitragen. Schon immer wurden bei besonderen Feierlichkeiten bestimmte Düfte oder Duftpotpourris eingesetzt, um den Charakter eines Festes zu unterstreichen.

Wie wär's damit?

Ein angenehmer Duft wird Ihre ganze Wohnung verzaubern. Ob Sie dazu Räucherstäbchen oder lieber Aromaöle nehmen wollen – beide Varianten sind ganz leicht zu handhaben. Im Bereich der Aromaöle bzw. der ätherischen Öle gibt es allerdings eine größere und differenziertere Auswahl. Daraus können Sie auch selbst Ihre eigene Mischung herstellen. In Kaufhäusern, Naturkostläden oder esoterischen Geschäften finden Sie eine breite Palette an Angeboten. Manchmal gibt es auch schon spezielle Weihnachtsduftkombinationen zu kaufen.

Achten Sie beim Kauf vor allem darauf, dass die Öle möglichst naturrein sind – dann ist der Duftgenuss noch größer.

Schon oft habe ich ein Aromaöl mit dem Duft der Zimtrinde verschenkt. Im Duftlämpchen verströmt es dann seinen heimeligen Geruch und sorgt immer für Begeisterung. Auch Vanille hat eine sehr harmonische und entspannende Wirkung und vermittelt noch dazu einen Hauch von Kindheit und Geborgenheit. Ich mische gern noch ein paar Tropfen Orangenöl darunter: Das verleiht dem Duft eine fruchtigere Note.

Wenn Sie Vanillearoma in Pulverform oder geriebenen Zimt in das flüssige Wachs einer Kerze geben, verbreitet sich im Zimmer ein etwas zarterer Duft als bei den Aromaölen.

Versuchen Sie es ruhig auch einmal mit ein paar kräftigeren Düften wie Tanne, Lavendel oder Fichtennadel. Sie entspannen und erfrischen zugleich. Vielleicht verströmen Sie auch ein wenig Weihrauch, das verleiht Ihrem Zimmer gleich einen besonders festlichen Hauch. Für welchen Duft Sie sich auch entscheiden: So haben Sie im Handumdrehen eine ganz individuelle, zauberhafte Weihnachtsstimmung geschaffen.

Geborgenheit finden – eine Collage

Weihnachten weckt in uns oftmals die Sehnsucht nach Geborgenheit. Wenn man die Bibel wörtlich nimmt, stellt sich allerdings die Frage, ob die Umstände von Christi Geburt wirklich auf Geborgenheit schließen lassen: Eine Hochschwangere reitet auf der Flucht durch ein völlig unbekanntes Land, stößt hier auf Fremdenhass und findet keine Unterkunft. Noch dazu hat sie einen Mann, der mehr aus Mitleid zu ihr steht und selbst noch nicht weiß, welche Rolle er bei alledem spielt.

Wenn wir uns heute vorstellen, ein Baby in einem Stall zur Welt zu bringen, mag das in unserer Konsumgesellschaft zwar schon wieder ein wenig romantisch-rustikal anmuten, aber eine Idylle war es damals sicher nicht.

Und doch ist Geborgenheit ein ganz wichtiger und zentraler Bestandteil unseres Lebens. Besonders in der Weihnachtszeit wird oftmals ein Mangel an Sicherheit und Vertrauen spürbar, der über eine äußerlich bekundete Zusammengehörigkeit wie etwa die üblichen Besuche der Verwandten auch nicht behoben werden kann. Und die Scheingeborgenheit vermittelnden, aber doch eher auf Konsum ausgerichteten Weihnachtsmärkte helfen da schon gar nicht.

Deshalb ist es in dieser Zeit besonders wichtig, über die eigene Sehnsucht nach Geborgenheit nachzudenken und Wege zu suchen, dieses Gefühl im Leben immer mehr zu verwirklichen. So können Sie an Kraft gewinnen und Ihren eigenen Wurzeln Raum zum Wachsen geben.

Wie wär's damit?

Bestimmt hat es in Ihrem Leben immer wieder Situationen gegeben, die Ihnen ein Gefühl der Sicherheit, Gelassenheit und Geborgenheit vermittelt haben: Vielleicht war es die große, rote Schaukel, mit der Sie im Frühling über die Fliederbüsche hinweg hoch in den Himmel geschaukelt sind, oder die kleine getigerte Katze, der Sie immer ein Schälchen Milch hingestellt haben und die sich mit wohligem Schnurren dafür bedankt hat. Vielleicht waren es aber auch bestimmte Farben – etwa das warme Gelb der Sonnenblumen – oder Gerüche – zum Beispiel die Ausdünstung des Dieselmotors des Traktors auf dem Ferienbauernhof, auf dem Sie sich als Kind so wohl gefühlt haben.

Gehen Sie jetzt doch einmal in Ihrer Erinnerung zurück zu diesen Erlebnissen und schreiben Sie auf, was Ihnen zum Thema Geborgenheit einfällt. Was haben Sie hierzu Schönes erlebt? Was sind Ihre Sehnsüchte? Was wünschen Sie sich für die Zukunft? Und was davon können Sie sich selbst geben? Lassen Sie sich zum Nachdenken und Nachspüren ruhig viel Zeit.

Dann nehmen Sie ein paar alte Zeitschriften, Postkarten oder Fotos, blättern sie durch und suchen diejenigen Motive heraus, die Sie besonders ansprechen, die ein gutes Gefühl in Ihnen auslösen. Nun schneiden Sie die Bilder aus, die Ihren ganz persönlichen Vorstellungen von Geborgenheit am ehesten entsprechen, und basteln daraus eine Collage.

Dazu nehmen Sie einen großen Bogen Papier und kleben zum Beispiel in eine Ecke die Motive, die einen Bezug von Menschen zueinander zeigen, den Sie auch gern hätten. In eine andere Ecke kommen Ihre Vorstellungen von einem gemütlichen Zuhause, wieder an eine andere Stelle Ihre Wünsche im Hinblick auf Ihren Beruf und auf die Zukunft. Wenn Ihnen ein bestimmtes Motiv fehlt, dann malen Sie es einfach selbst dazu oder schneiden es aus buntem Papier in Ihrer Lieblingsfarbe aus.

Und schon ist Ihre Collage fertig: Ein Bild, das Sie Ihren eigenen Bedürfnissen ein gutes Stück näher bringt und Ihnen zeigt, was Sie in Ihrem Leben alles zum Positiven hin verändern können, um sich in der Welt wirklich geborgen zu fühlen.

Dann nehmen Sie Ihr ganz persönliches »Geborgenheitsbild« und hängen es an einer Stelle Ihrer Wohnung auf, an der es Ihnen immer wieder ins Auge fällt. Damit haben Sie bereits den ersten– und entscheidenden – Schritt zur Erfüllung Ihrer Bedürfnisse und Sehnsüchte gemacht. Sie werden sich bestimmt noch wundern, wie leicht sich vieles in Ihrem Leben jetzt zum Besten fügen wird.

Kerzenmeditation

Bei Kerzenlicht können Sie sich herrlich entspannen. Vielleicht sind Sie ja ohnehin ein richtiger »Kerzenfan«, der in lauen Sommernächten auf dem Balkon am liebsten lauter Windlichter aufstellt und sich dann schon wieder auf den Herbst freut, wenn die eigentliche »Kerzensaison« beginnt.

Falls Sie bisher noch nicht so viel mit Kerzenschein anfangen konnten, dann betrachten Sie die folgende Meditation doch einfach als kleines Experiment. Vielleicht kommen Sie dadurch ja dem Geheimnis der Kerzen auf die Spur.

Lesen Sie den folgenden Meditationstext zunächst einmal in aller Ruhe durch und lassen Sie ihn auf sich wirken. Dann zünden Sie eine einzige schöne Kerze an und beginnen mit der Meditation.

Wie wär's damit?

Setzen Sie sich ganz bequem hin – auf einen Stuhl, direkt auf den Boden oder auf ein Kissen – und stellen Sie die brennende Kerze vor sich. Nur das Licht dieser kleinen Flamme sollte den Raum erhellen.

Blicken Sie möglichst entspannt in das stille Licht und atmen Sie ein paar Mal tief ein und aus. Spüren Sie Ihren Körper ganz bewusst – die Füße und die Zehen, die Beine, den Bauch, den Oberkörper, die Hände und die Finger, die Arme, den Hals, den Kopf und sogar die Haarspitzen.

Jetzt lenken Sie Ihr Bewusstsein ganz langsam mehr und mehr nach innen. Immer stiller wird es in Ihnen. Sie spüren Ihren Atem und lassen alles Äußere los. Immer ruhiger und stiller werden Sie, während Sie die Flamme der Kerze betrachten. Auch Ihre Gedanken kommen langsam zur Ruhe.

Wenn Sie sich so richtig entspannt fühlen und beinahe absichtslos das Licht betrachten, stellen Sie sich vor, dass allmählich auch ein kleines Licht in Ihrem Inneren zu leuchten beginnt. Ein kleines helles Licht, das sich wohltuend warm und gut anfühlt.

Während Sie weiterhin ganz entspannt bleiben, sehen und spüren Sie, wie das Licht in Ihrem Inneren zu glänzen anfängt und sich langsam in Ihnen ausdehnt und größer wird. Auch Ihr Körper fühlt sich immer wärmer und heller an. Alle Zellen spüren das wundervolle Licht und freuen sich über seine heilende Kraft.

Nachdem Sie jetzt ganz im Licht baden, spüren Sie voller Wohlbehagen, wie die Helligkeit Ihren gesamten Körper durchströmt und sogar noch darüber hinausstrahlt. Stellen Sie sich vor, dass nun auch Ihr Zimmer von diesem hellen, warmen Licht erfüllt wird. Überall ist Wärme, Geborgenheit und Licht. Und das Licht dehnt sich immer weiter aus, es erfüllt das ganze Haus, die Straße und Ihre Stadt. Immer heller wird alles, und Sie fühlen sich in sich selbst geborgen. Allmählich werden auch das Land, der Kontinent und die ganze Erde von Licht durchflutet. Sie haben sich unendlich weit ausgedehnt. Genießen Sie dieses wunderbare Erlebnis in vollen Zügen.

Dieses herrliche Gefühl behalten Sie nun bei, während Sie sich ganz langsam wieder auf Ihren Körper konzentrieren.

Kleine Weihnachtsleckereien

So langsam wird es Zeit für einen kleinen Weihnachtsimbiss. Wenn Sie auch so gern Süßes mögen, dann schmecken frisch geschmorte Bratäpfel immer noch am besten. Und noch dazu ist die Zubereitung ein Kinderspiel. Aber auch wenn Sie es lieber pikant mögen, lassen sich schnell ein paar Leckerbissen herbeizaubern!

Wie wär's damit?

Kitzelt Sie bei der Vorstellung auch schon der köstliche Duft in der Nase? Dann nichts wie los: Sie brauchen für die *gefüllten Bratäpfel*:

> 2 große Äpfel
> 1 Esslöffel Rosinen
> 1 Esslöffel Haferflocken
> 4 Esslöffel Trockenobst
>   (zum Beispiel Pflaumen oder Aprikosen)
> 1 Esslöffel Zucker
> 1 Esslöffel Honig
> 25 Gramm Butter

Zunächst waschen Sie beide Äpfel, trocknen sie ab und stechen die Kerngehäuse aus. Am besten ist es, wenn der untere Apfelboden dabei erhalten bleibt, damit die Füllung nicht aufs Backblech tropft.

Alle anderen Zutaten werden zerkleinert, vermischt und dann in die Äpfel gefüllt. Nun müssen die Bratäpfel bei 200 Grad (Umluft 180 Grad) auf der mittleren Schiene des Backofens etwa 30 Minuten vor sich hinbrutzeln. Wenn Sie mögen, geben Sie zu den fertigen Äpfeln noch einen Klecks Sahne hinzu.

Wenn Sie eher Appetit auf etwas Herzhaftes haben, empfiehlt sich ein Teller mit leckeren Häppchen – dann müssen Sie sich gar nicht erst an den Herd stellen. Viele kleine Leckereien in den verschiedensten Geschmacksrichtungen sorgen für Abwechslung.

Was halten Sie zum Beispiel von Lachsröllchen, die Sie mit einer Mischung aus Joghurt und Dill füllen? Auch ein geräuchertes *Forellenfilet mit Sahnemeerrettich* ist eine kleine Köstlichkeit, die immer wieder wunderbar schmeckt.

Gestalten Sie ganz nach Lust und Laune einen großen Teller mit allem, worauf Sie Appetit haben: *Schafskäse, Cheddar, Pepperoni, Sardellenfilets* oder was auch immer. Wenn Sie das Ganze dann auch noch hübsch garnieren, schmeckt's noch mal so gut.

Sie hätten lieber etwas Warmes? Allzu viel Aufwand soll es aber nicht machen? Dann probieren Sie es doch mal mit *überbackenen Champignons*. Das könnte gerade das Richtige für ein kleines Festmahl sein. Sie brauchen dazu:

> 500 Gramm frische Champignons
> (wahlweise auch eine Dose)
> 100 Gramm gekochten Schinken
> 100 Gramm geriebenen Gouda
> 50 Gramm gefüllte Oliven
> 2 Eigelb
> 2 Esslöffel Zitronensaft
> 2 Esslöffel Sahne
> 75 Gramm Butter
> Salz, Pfeffer, evtl. einen Schuss Cognac

Zunächst waschen und reinigen Sie die Champignons gründlich. Dann erhitzen Sie in einer Pfanne etwas Butter, dünsten die Champignons darin an und schmecken sie mit Salz und Pfeffer ab. Während die Champignons vor sich hinbrutzeln, würfeln Sie den Schinken und schneiden die Oliven in Scheiben. Dann geben Sie beides in die Pfanne und ziehen auch die Sahne unter. Wenn Sie mögen, können Sie noch einen Schuss Cognac hinzufügen. Lassen Sie das Ganze ein wenig köcheln, während Sie die restliche Butter mit Zitronensaft und Eigelb verrühren, bis sich eine dickflüssige Creme bildet.

Nun füllen Sie den Pfanneninhalt in eine feuerfeste Form, gießen die Creme darüber und bestreuen alles mit dem geriebenen Käse. Überbacken Sie das Gericht bei 225 Grad (Umluft 180 Grad), bis der Käse goldbraun zerlaufen ist.

Das bisschen Aufwand hat sich doch gelohnt, oder? Jetzt lassen Sie sich's aber schmecken!

Entdecken Sie Ihr inneres Kind wieder

An Weihnachten feiern wir die Geburt des Jesuskindes. Ein Kind spielt also eine zentrale Rolle an diesem Festtag. Eine wunderbare Gelegenheit, uns auch ein bisschen näher mit unserem »inneren Kind« zu befassen und diesen oft vergessenen Aspekt von uns selbst zu feiern. Hinter dem äußeren Anschein des Erwachsenseins versteckt sich nämlich noch immer das Kind in uns, das wir einmal waren – unser inneres Kind.

Wir alle tragen wohl heimliche Wünsche und Sehnsüchte in uns, die uns oft recht »kindisch« vorkommen: vielleicht nach der Modelleisenbahn, der wunderschönen Puppe oder dem kuscheligen Teddy, die wir nie bekommen haben, oder einfach danach, einmal einen ganzen Tag lang auf einer Wiese zu liegen und in den Himmel zu gucken oder ganz sanft und liebevoll in den Arm genommen zu werden.

Ihr inneres Kind wartet sehnsüchtig darauf, endlich von Ihnen entdeckt und beachtet zu werden. Natürlich sind Sie heute erwachsen. Aber die eigenen kindlichen Aspekte wahrzunehmen und zu leben, kann Ihnen ganz neue Dimensionen eröffnen. Sie werden spüren, wie viel Glück und Freud in Ihnen ist und nur darauf wartet, eine Chance in Ihrem Leben zu bekommen. Im Geburtstagskapitel haben Sie bei »Kinderfreuden neu entdecken« ja schon einen kleinen Vorgeschmack bekommen. Schenken Sie Ihrem inneren Kind jetzt an Weihnachten einmal Zeit. Sie werden sehen: Es lohnt sich!

Wie wär's damit?

Stellen Sie sich doch einmal vor, wie Ihr inneres Kind wohl aussehen mag. Ist es ein fröhliches Kind, das mit weit ausgebreiteten Armen die ganze Welt umfassen will? Oder eher ein ängstliches Kind, das zusammengekauert in einem Winkel sitzt und sich nach Liebe und Wärme sehnt? Ist es ein kleiner Wildfang, der ungestüm herumtoben möchte? Oder hat es von allem etwas?

Es gibt so viele spannende Möglichkeiten, wie Ihr inneres Kind aussehen könnte. Sie müssen sich nur darauf einlassen. Nehmen Sie Modelliermasse oder hellen Ton, der an der Luft trocknet, und formen Sie daraus Ihr inneres Kind in seiner Lieblingshaltung. Das muss ganz und gar kein Kunstwerk werden, sondern es geht einfach um den symbolischen Charakter Ihrer Darstellung. Spielen Sie mit der Knetmasse in Ihren Händen und lassen Sie sich selbst davon überraschen, wie Ihr inneres Kind aussehen will und was es Ihnen zu sagen hat.

Vielleicht macht es Ihnen ja richtig Freude, sich mit Ihrem kleinen Schatz zu beschäftigen. Spüren Sie, was Ihr inneres Kind braucht, um glücklich zu sein? Wie können Sie es am besten in Ihr Leben integrieren?

Werden Sie doch einfach selbst wieder ein bisschen kindlich. Was hat Ihnen früher denn Spaß gemacht? Ein Besuch auf dem Weihnachtsmarkt mit einer riesigen Zuckerwatte in der Hand und einem Lebkuchenherz mit der Aufschrift »Ich liebe Dich« vor dem Bauch? Sich mit Fingerfarben von oben bis unten zu bemalen? Oder bei Regenwetter voll in jede Pfütze zu patschen, dass es nur so spritzt?

Überlegen Sie, was Ihr inneres Kind so richtig glücklich machen könnte – und tun Sie es jetzt gleich! Oder versprechen Sie Ihrem süßen Spatz, in den nächsten Tagen einen kleinen Ausflug mit ihm zu machen – aber ganz nach seinem Geschmack. Vielleicht finden Sie auch einen Namen für Ihr inneres Kind. Bestimmt hatten Sie im Kindergarten oder in der Schule einen Lieblingsnamen: So hätten Sie selbst immer gern geheißen. Schenken Sie diesen schönen Namen heute doch Ihrem inneren Kind.

Wenn Sie die Wiederentdeckung Ihres inneren Kindes gebührend feiern und es nicht wieder in der Versenkung verschwinden lassen, werden Sie sich in Zukunft nie mehr einsam fühlen. Sie haben einen ständigen Begleiter gefunden, der Sie immer wieder an die leichte und schöne Seite des Lebens erinnern wird: Darauf können Sie sich verlassen!

Mitternachtsfreude

Das Allerschönste an Weihnachten ist für mich immer die Stunde um Mitternacht. Dann hält mich nichts mehr in der Wohnung – ich muss mir unbedingt den Himmel ansehen. Meistens habe ich Glück und zahllose Sterne funkeln mir entgegen.

An Weihnachten wirkt der Blick in die unendliche Weite des Firmaments noch geheimnisvoller als sonst. Alles strahlt eine tiefe Harmonie und Ruhe aus, die richtig meditativ stimmt. Und immer wieder habe ich staunend erfahren, was Joseph von Eichendorff in seinem Gedicht »Weihnachten« in so bewegende Worte gefasst hat:

Markt und Straßen stehn verlassen,
still erleuchtet jedes Haus,
sinnend geh ich durch die Gassen,
alles sieht so festlich aus.

An den Fenstern haben Frauen
buntes Spielzeug fromm geschmückt,
tausend Kindlein stehn und schauen,
sind so wunderstill beglückt.

Und ich wandre aus den Mauern
bis hinaus ins freie Feld,
hehres Glänzen, heilges Schauern!
Wie so weit und still die Welt!

Sterne hoch die Kreise schlingen,
aus des Schnees Einsamkeit
steigt's wie wunderbares Singen –
o du gnadenreiche Zeit.

Auch hier spricht ein »Single« über seine Erfahrungen. Ihm fehlen die Menschen oder die Familie jedoch nicht. Ganz im Gegenteil: Er genießt das Alleinsein, um sich mit allem verbunden, »all-eins« zu fühlen.

Er schaut nicht neidisch in die hell erleuchteten Zimmer, in denen glückliche Familien Weihnachten feiern. Er betrachtet vielmehr alles aus einer ruhigen Distanz heraus und verlässt die häusliche Enge, um an etwas viel Größerem und Schönerem teilhaben zu können: an der Feier der Unendlichkeit. Hier, allein auf freiem Feld, empfindet er die ganze Gnade und Heiligkeit der Weihnacht. Ganz allein hier draußen ist es ihm möglich, das große Weihnachtswunder zu begreifen.

Wie wär's damit?

Wie in Eichendorffs Gedicht werden auch Sie die Weihnachtsatmosphäre unter freiem Himmel in ganz besonderer Weise wahrnehmen. Alles ist ruhig und still und fühlt sich irgendwie heilig an. Und seltsamerweise hatte ich in dieser Nacht auch nie Angst vor der Dunkelheit.

Ziehen Sie also einfach einen dicken Mantel an und stapfen Sie los. Genießen Sie die frische, klare Luft, den weiten Himmel und die Stille der geweihten Nacht.

Wenn Sie sich schon vorher darauf einstimmen möchten, planen Sie doch einen Besuch in der Kirche ein. In vielen Gemeinden beginnt um 23 Uhr die Christmette. Um diese Zeit sind die Kinder- und Familiengottesdienste schon vorbei und in der Kirche herrscht jetzt eine ganz ruhige und feierliche Atmosphäre. Zu dieser Stunde gehen auch viele Menschen allein in den Gottesdienst. Ich fühle mich dort immer sehr wohl.

Ob Sie nun lieber die Weite des Sternenzelts genießen, die Christmette besuchen oder beides miteinander verbinden wollen – in jedem Fall werden Sie so einen wundervollen Ausklang für einen friedlichen Weihnachtsabend mit sich selbst erleben.

Silvester

Der Brauch, den Jahreswechsel an Silvester festlich zu begehen, fand erst im 12. Jahrhundert allmählich Verbreitung in der Bevölkerung. Offiziell wurde Silvester dann mit der Einführung des Gregorianischen Kalenders im Jahre 1582 gefeiert.

Zuvor betrachteten die Menschen die gesamte Weihnachtszeit als Zeit der Jahreswende, ohne dafür ein bestimmtes Datum festzulegen. Noch früher wurde der Beginn des neuen Jahres mit Ostern in Verbindung gebracht. Das lässt sich leicht nachvollziehen, da das frische Grün im Frühjahr den Anfang eines neuen Zyklus der Natur ja deutlich sichtbar macht. Beim Jahresbeginn im Winter dagegen verändert sich nach außen hin noch nichts Wesentliches.

Silvester wurde und wird also nicht immer einheitlich gefeiert. In China beispielsweise wird das Neujahrsfest nach wie vor nach dem Mondzyklus ausgerichtet. Aber auch im europäischen Raum gibt es noch heute Unterschiede in Bezug auf das Datum. So beginnt bei uns das neue Kirchenjahr bereits mit dem ersten Adventssonntag, während vor allem in östlichen Ländern das kirchliche Großneujahr wiederum erst am 6. Januar, am Tag von Epiphania, der Erscheinung des Herrn, gefeiert wird, was unserem Dreikönigstag entspricht. Unser Silvester, der 31. Dezember, ist übrigens nach Papst Silvester I. benannt, in dessen Pontifikat das Christentum zur römischen Staatsreligion wurde.

Während Weihnachten eher besinnlich begangen wird, ist an Silvester gerade das Gegenteil gefragt: ausgelassene Stimmung und möglichst viel Trubel. Manch einem kommt dieser jähe Stimmungswechsel allerdings eher künstlich und aufgesetzt vor. Aber Sie müssen bei diesem »Gesellschaftsspiel« ja nicht mitmachen: Treffen Sie doch Ihre eigene Entscheidung, wie Sie Silvester lieber feiern wollen – ruhig und besinnlich oder beschwingt, fröhlich und ausgelassen. Auf den folgenden Seiten finden Sie Tipps für jede Stimmungslage. Tun Sie das, wonach Ihnen gerade ist, und es wird bestimmt ein gelungener Silvesterabend werden.

Champagnerbad

Silvester allein im Champagnerrausch? Kein Problem, wenn Sie zuerst einmal ein prickelndes Bad nehmen und damit gleich in herrliche Sektlaune kommen.

Wie wär's damit?

Stimmen Sie sich auf den Silvesterabend so richtig festlich ein – das Fest kann durchaus schon in Ihrem Badezimmer beginnen. Wenn Sie überall im Bad – auf den Regalen, der Fensterbank, um die Badewanne herum und vor allem vor dem Spiegel – kleine Teelichter aufstellen, haben Sie bereits eine festlich funkelnde Atmosphäre geschaffen.

Nun lassen Sie das Badewasser einlaufen, legen sich in die warme Wanne und gießen ganz langsam eine dreiviertel Flasche Sekt über Ihren Körper. Das wird herrlich prickeln und Ihnen einen Hauch von Luxus vermitteln. Nehmen Sie dazu aber ruhig einen preiswerten Sekt: Schließlich wollen Sie ihn ja nicht trinken – oder jedenfalls nicht ganz.

Tauchen Sie so richtig ein in Ihr perlendes Badevergnügen bei festlichem Lichterglanz. Schlüpfen Sie anschließend in Ihren flauschigsten, über der Heizung vorgewärmten Bademantel, in den Sie sich wohlig hineinkuscheln können. Davor benetzen Sie mit dem restlichen Sekt aber noch sanft Ihre Haut, als würden Sie eine kostbare Körperlotion auftragen. Der Duft des Schaumweins wird Sie wunderbar beleben und Ihre Sinnlichkeit spüren lassen.

Lassen Sie das prickelnde Bad im Wohnzimmer auf der Couch bei Candlelight-Musik noch ein bisschen nachwirken. Dieser genussvolle Ausklang kann zugleich der Anfang einer wundervollen Silvesternacht sein. Oder Sie beginnen den Abend gleich mit der imposanten Feuerwerks- und Wassermusik von Händel. Die Feuerwerksmusik hat einen barock-festlichen Klang, während insbesondere die Suite Nr. 3 D-dur der Wassermusik fröhlich-beschwingt durch den Raum perlt.

Genießen Sie heute Abend einfach einmal ganz ausgiebig sich selbst.

Ein ganz persönliches Glückssymbol

Glück hat so viele Seiten, wie es Menschen gibt: Für jeden von uns bedeutet Glück etwas anderes. Vielleicht können Sie heute ja ein ganz spezielles Glückssymbol finden, das Sie durch das gesamte kommende Jahr begleiten wird.

Wie wär's damit?

Unternehmen Sie doch vor Ihrer eigentlichen Silvesterfeier noch einen kleinen Spaziergang. Genießen Sie die vielleicht wehmütige – vielleicht aber auch eher mit einem Gefühl der Erleichterung verbundene – Abschiedsstimmung vom vergangenen Jahr und machen Sie sich auf die Suche nach Ihrem ganz persönlichen Glückssymbol.

Doch was könnte das sein? Als Glückssymbol für den heutigen Tag kommt alles in Frage, was Sie gerade besonders anspricht. Vielleicht ist es ein besonders schöner Stein, der auf Ihrem Weg liegt, oder ein rotes Blatt vom Herbstlaub, vielleicht eine glänzende Kastanie, der Zweig einer Stechpalme oder auch ein ganz anderer Gegenstand, der Ihre Aufmerksamkeit auf sich zieht.

Sie können sich Ihr persönliches Glückssymbol aber auch zu Hause aussuchen: vielleicht eine kleine Kerze, ein Schmusetier oder das Bild einer Landschaft – jedenfalls etwas, das Sie spontan anspricht. Spüren Sie in sich hinein, was für Sie jetzt gerade richtig ist. Lassen Sie sich von Ihrer Intuition führen.

Wenn Sie Ihr Glückssymbol gefunden haben, betrachten Sie es einmal ganz genau. Wie sieht der Gegenstand aus? Was für eine Oberfläche und was für eine Farbe hat er? Erkennen Sie sich darin ein Stück weit wieder? Fühlen Sie sich innerlich so frei und weit wie die Landschaft auf der ausgesuchten Postkarte oder so biegsam und doch stark wie der kleine Ast, den Sie aus dem Wald mitgebracht haben? Welche Eigenschaft verkörpert das Symbol, die auch Sie haben – oder hat es vielleicht gerade völlig entgegengesetzte Qualitäten?

Sie können Ihr Symbol zu Hause an einem besonderen Platz aufbewahren. Vielleicht legen Sie es auf ein Regal und umgeben es mit ein paar anderen Sachen, die dazu passen. Einem Gegenstand aus der

Natur können Sie noch mehr Ausdruckskraft verleihen, indem Sie ihn zum Beispiel bemalen oder polieren. Vielleicht heben Sie Ihr Glücks-symbol aber auch lieber an einem geheimen Platz auf, den nur Sie kennen. Denken Sie jedoch auf jeden Fall ein bisschen darüber nach, auf welche Art Ihnen Ihr Glücksbringer helfen könnte, das nächste Jahr positiv zu gestalten.

Glückssymbole sind schon sehr alt. So wird zum Beispiel Amuletten seit Urzeiten eine besondere Wirkung zugesprochen. Trotzdem sollten wir uns aber vor allem immer auf unsere eigene Kraft besinnen: Wir tragen alles in uns, was wir brauchen, um neuen Erfahrungen gelassen entgegenzutreten. Wenn wir sie für uns zu nutzen wissen, können so-gar augenscheinlich unangenehme Erlebnisse sehr hilfreich für uns sein. Dadurch lernen wir ganz neue Bereiche und Kräfte in uns selbst kennen.

Seien Sie also gespannt darauf, was das neue Jahr Ihnen bringen wird, und gehen Sie spielerisch mit allem um. Sie werden sehen: Vieles wird für Sie dann angenehmer und leichter werden.

Wunschkalender für das neue Jahr

Sie kennen das ja: Ende des Jahres wird man mit Werbegeschenken geradezu überhäuft. Meistens sind es Kalender in allen nur denkbaren Formaten: Taschen-, Wand-, Tages-, Abreißkalender und viele andere. Oft hängen wir uns dann doch ein Exemplar in eine dunkle Küchen-ecke. Schön sind sie zwar meistens nicht, aber wenigstens weiß man immer das genaue Datum. Doch sogar wenn Sie sich sonst jedes Jahr Ihren Lieblingskalender kaufen, könnten Sie am Silvesterabend doch einmal ein ganz exklusives Exemplar selbst kreieren – genau nach Ihren eigenen Vorstellungen.

Keine Angst: Das hier wird mit Sicherheit kein »Werk«, wie Sie es wohl noch aus früheren Bastelstunden kennen, sondern ein ganz aus-gefallenes Modell Ihrer persönlichen Wünsche. Etwas ganz für sich allein zu entwerfen und zu gestalten macht nämlich wirklich Spaß – und an dem Ergebnis werden Sie das ganze Jahr über Ihre Freude haben.

Wie wär's damit?

Am besten nehmen Sie einen Wandkalender aus Ihrem Werbefundus als Grundlage und überkleben einfach die Bilder. Falls Sie dieses Jahr keinen bekommen haben, kaufen Sie sich in einem Bastelgeschäft einen neutralen Kalender. Das Kalendarium sollte aber schon aufgedruckt sein, damit sparen Sie sich die etwas mühsame Beschriftung.

Nun liegt also ein noch völlig unberührtes Jahr vor Ihnen – absolutes Neuland tut sich auf. Eine tolle Chance! Jetzt denken Sie sich zwölf Motive aus, die im kommenden Jahr eine wichtige Rolle für Sie spielen sollen. Am besten schneiden Sie dann aus Zeitschriften, Reiseprospekten oder Postkarten die Motive aus, die Ihren Vorstellungen am ehesten entsprechen, und kleben sie auf das jeweilige Monatsblatt. Noch wirkungsvoller wird das Ganze, wenn Sie den einzelnen Motiven auch noch passende Titel geben.

Wenn Sie sich beispielsweise eine Reise zum Nordkap wünschen, suchen Sie aus Reiseprospekten oder Broschüren die schönsten Bilder Ihres Wunschziels heraus und kleben sie auf das Kalenderblatt für Ihren Urlaubsmonat. Wenn Sie jetzt noch den Titel »Nordkap-Reise« hinzufügen, sind Sie Ihrem Traumziel schon ein gutes Stück näher gekommen. Denn jedes Mal, wenn Sie das Kalenderblatt betrachten, werden Sie daran denken. Und je intensiver wir uns mit etwas beschäftigen, umso eher wird es in unserem Leben auch Wirklichkeit werden.

Wenn Sie sich nach mehr Ruhe sehnen, können Sie zum Beispiel ein Bild mit einer Hängematte und kühlen Drinks auswählen und als Titel »Zeit« dazuschreiben. Sie selbst wissen genau, was damit gemeint ist, aber für andere ist es natürlich nicht erkennbar – sie sehen nur ein hübsches Bild.

Schauen Sie sich ruhig auch nach abstrakten Darstellungen um. Vielleicht sind Ihnen Symbole ja lieber als konkrete Bilder. Eine einfache Horizontlinie kann für Sie dann all die weitreichenden Möglichkeiten verkörpern, die Sie im nächsten Jahr gern ausschöpfen möchten.

Welche Motive Sie auch immer für die einzelnen Monate auswählen: Diesen Kalender brauchen Sie bestimmt nicht in einer dunklen Küchenecke zu verstecken. Seien Sie stolz auf Ihre Kreativität und freuen Sie sich auf ein Jahr, in dem viele Ihrer Wünsche Wirklichkeit werden.

Finden Sie Ihren eigenen Rhythmus

Sie hätten Lust, am Silvesterabend nicht nur Musik zu hören, sondern auch mal selbst Musik machen, können aber weder Noten lesen noch ein Instrument spielen? Dann wäre ein schwungvoller Rhythmus zum »Einläuten« des neuen Jahres vielleicht genau das Richtige für Sie.

Wie wär's damit?

Zugang zu Ihrem ureigenen Rhythmus können Sie am leichtesten durch Trommeln finden. Dazu brauchen Sie gar keine teuren Congas, Bongos oder andere Schlaginstrumente. Trommeln Sie einfach auf der Tischplatte, auf Ihrem Schreibtisch oder sogar auf umgedrehten Schüsseln – in Ihrer Küche findet sich sicher etwas Passendes. Ihrer »Trommelphantasie« sind dabei keine Grenzen gesetzt. Sie können dazu Stöckchen oder auch nur Ihre Hände benutzen – legen Sie einfach los!

Durch das Trommeln im eigenen Rhythmus geraten Sie leicht in einen Zustand, in dem Ihr Verstand zum Teil ausgeschaltet ist, also in eine Art leichte Trance. Das regt vor allem die rechte Gehirnhälfte zu stärkerer Aktivität an, die für Kreativität und Intuition zuständig ist. Außerdem hilft Ihnen das Trommeln, Stress und Spannungen abzubauen.

Finden Sie heraus, wie sich Ihr ureigener Rhythmus anhört und anfühlt. Wagen Sie sich ruhig ein bisschen weiter vor, indem Sie beispielsweise mit einer Hand schnell und mit der anderen langsam trommeln.

Wie fühlen sich südamerikanische Klänge an, wenn Sie sich in Gedanken an die Copacabana versetzen? Trommeln Sie anders, wenn Sie an Afrika denken?

Ist Ihr Rhythmus in diesem Jahr langsam oder schnell, abwechslungsreich oder eher eintönig gewesen? Wie könnte Ihr Rhythmus für das nächste Jahr aussehen? Probieren Sie es aus. Sie werden sehen: Das Trommeln eröffnet Ihnen ein weites Feld an neuen Möglichkeiten.

Sammeln Sie Glücksmomente

Silvester ist eine wunderbare Gelegenheit, die Ereignisse des vergangenen Jahres noch einmal Revue passieren zu lassen. Und nicht nur die großen. Denn es gab ja auch viele kleine Glücksmomente, die wir allerdings oft ziemlich schnell wieder vergessen.

Wenn ein oder zwei große Ereignisse stattgefunden haben, bestimmen sie meistens unsere Erinnerung an das gesamte Jahr. Die restlichen Monate empfinden wir dann oft eher als ein Dahinplätschern der Zeit und als recht alltäglich. Dabei spielen gerade all die winzigen Augenblicke oft eine größere Rolle für unser Wohlbefinden als die wenigen außergewöhnlichen Erlebnisse.

Das Glück kommt viel häufiger in kleinen Schritten und auf leisen Sohlen auf uns zu, als dass es mit Pauken und Trompeten über uns hereinbricht. Wenn wir unsere Aufmerksamkeit nur ein wenig schulen, werden wir so manche Chance auf einen Moment des Glücks im nächsten Jahr nicht mehr so schnell in der Hektik des Alltags untergehen lassen. Hätten Sie früher einen Verkehrsstau dazu genutzt, um in aller Ruhe die schöne Landschaft auf sich wirken zu lassen? Oder um in der Stadt vom Autofenster aus interessante neue Läden auszukundschaften? Anstatt uns gleich zu ärgern, können wir unseren Fokus auch auf die erfreulichen Seiten eines vermeintlichen Ärgernisses lenken.

Wie wär's damit?

Nehmen Sie ein Notizbuch oder ein Heft, setzen Sie sich in Ihre Lieblingsecke und schreiben Sie ganz spontan Momente auf, in denen Sie glücklich waren. Das muss gar nichts Spektakuläres sein.

Vielleicht schenkt Ihnen ja der Duft von frisch gemähtem Gras oder von frisch aufgebrühtem Kaffee einen Augenblick des Glücks. Oder der erste Schluck Tee am Morgen, die leuchtend bunten Blätter im Herbst, die letzten Minuten in der Dämmerung, bevor das Licht eingeschaltet wird, oder einfach ein warmes Schaumbad.

Sicherlich fallen Ihnen jede Menge winzige Momente ein, die Ihr
Leben bereichern und Ihren Alltag verschönern. Schreiben Sie alles in
Ihr Notizbuch. Dann empfinden Sie noch einmal das vergangene Jahr
mit all seinen scheinbaren Nichtigkeiten nach, die Ihnen aber doch
Tag für Tag Kraft gegeben und Freude geschenkt haben. Wenn Sie all
diese Kleinigkeiten im neuen Jahr bewusst wahrnehmen, dann werden
Sie eine ganz neue Fülle an Glück und Zufriedenheit erleben.

Schreiben Sie in Ihr »Glücksbuch« auch diejenigen Ereignisse, für
die Sie besonders dankbar sind. Manchmal fällt es ja gar nicht so leicht,
Dankbarkeit auszudrücken, ohne sich in belanglose Floskeln zu flüch-
ten. Sicher gibt es aber ein paar Momente oder Erlebnisse, für die Sie
im Nachhinein doch echte Dankbarkeit empfinden. Die gehören natürlich unbedingt auch in Ihr Glücksbuch.

Wenn Sie Ihr Buch nun am Ende eines jeden Jahres ergänzen,
werden Sie sich wundern, wie schnell sich die Seiten füllen und wie
viel Schönes sich in Ihrem Leben sozusagen »zwischen den Zeilen«
abspielt.

Sie müssen natürlich nicht ein ganzes Jahr warten, bevor Sie Ihr
Glücksbuch wieder hervorholen. Ganz im Gegenteil: Es kann ausge-
sprochen gut tun, immer wieder einmal darin zu lesen. Und wer sagt
denn, dass Sie es nicht auch zu einer Art »Tagebuch« machen können:
Wenn Sie jeden Tag – oder jede Woche – aufschreiben, was Sie an
Glück erlebt haben, nehmen Sie diese Momente viel bewusster wahr.
Dann werden Sie wohl schon bald bei Band zwei angekommen sein.

Feuerwerks-Meditation

Auch wenn es eigentlich furchtbar viel Krach macht, die Umwelt un-
nötig belastet und den Tieren einen Riesenschreck einjagt, ist ein Feuerwerk doch ein sehr imposantes Schauspiel. Hätten Sie Lust, dieses Jahr
einmal eine ganz neue, natürlich umweltfreundliche und total faszi-
nierende Erfahrung zu machen, die normalen Zuschauern bei einem
Feuerwerk verborgen bleibt? Dann lassen Sie sich auf dieses Experiment ein: So können Sie selbst Teil des herrlichen Spektakels am Himmel werden und die Welt einmal von ganz oben betrachten.

Wie wär's damit?

Kuscheln Sie sich in Ihre Lieblingsdecke und machen Sie es sich so richtig gemütlich. Kommen Sie ein bisschen zur Ruhe, schließen Sie die Augen und lassen Sie sich von Ihrem Atem führen.

Vor sich sehen Sie nun viele Menschen, die schon ganz gespannt auf den Beginn des Feuerwerks warten. Die Stimmung ist heiter und ausgelassen. Der Nachthimmel umhüllt alles wie eine sanfte dunkle Glocke. Nun werden die ersten Feuerwerksraketen gezündet. In den schillerndsten Farben tanzen die Funken am Himmel. Die Leute rufen und klatschen begeistert. Sternenregen um Sternenregen zischt an ihnen vorbei und lässt den nächtlichen Himmel in den leuchtendsten Farben erstrahlen.

Plötzlich spüren Sie, wie auch Sie nach oben gezogen werden. Immer höher und höher steigen Sie hinauf. Dann sehen Sie den prächtigen Glanz auf einmal schon weit unter sich. Sie fühlen sich hier oben vollkommen sicher und geborgen. Im samtenen Dunkel der Nacht fliegen Sie noch höher hinauf. Nur noch als winzige Pünktchen ist das Feuerwerk da unten noch zu erkennen.

Doch Ihre Reise ist noch lange nicht zu Ende. Langsam lässt die Anziehungskraft der Erde nach – Sie schweben bereits im Weltall. Sie wissen nicht, was Ihnen da geschieht, spüren aber nach wie vor eine große Geborgenheit und eine beschützende Kraft. Es ist sehr still geworden. Lautlos gleiten Sie weiter durch das All. Sie sehen Sterne, die wundervoll leuchten, und helle Sternschnuppen ziehen an Ihnen vorbei – weit strahlender als jedes Feuerwerk. Sie lassen sich treiben und schweben sanft weiter durch das All. Immer neue Eindrücke eröffnen sich Ihnen.

Doch dann drehen Sie sich langsam um. Das Bild, das Sie jetzt sehen, ist so imposant, dass Sie all die Wunderwelten um sich herum beinahe vergessen: Es ist das Bild der Erde. Wie die Sonne jeden Morgen aufgeht, sehen Sie nun die Erde, diesen wunderschönen blauen Planeten, von weißen Schleiern umwoben langsam und majestätisch aus dem dunklen Weltraum emporsteigen. Sie erscheint Ihnen auf einmal sehr verletzlich in der unendlichen Weite des Alls. Sie sehen die

Kontinente und die Ozeane aus weiter Ferne und können es kaum fassen, dass es da unten all die täglichen Nöte und Sorgen gibt. Haben Sie sich wirklich so oft über lächerliche Kleinigkeiten geärgert?

Irgendwie wundern Sie sich auch darüber, dass Sie sich hier in der Unendlichkeit des Weltraums überhaupt nicht einsam fühlen – da unten auf der Erde unter all Ihren Mitmenschen allerdings schon manchmal. Vielleicht ist es ja wirklich nur die eigene Sichtweise und das eigene Gefühl, was einen manches so und nicht anders empfinden lässt?

Plötzlich haben Sie direkt Sehnsucht nach der vermeintlichen Enge Ihrer Stadt und Ihrer Wohnung. Sie sehnen sich trotz all der Wunder im Weltraum nach einem ganz normalen Erdentag, denn immer nur Sternschnuppen anzuschauen würde Ihnen auf Dauer auch nicht gefallen. Jetzt spüren Sie einen sanften Sog, der Sie ganz langsam wieder nach unten gleiten lässt. Das Weltall lassen Sie nun allmählich hinter sich, aber Sie wissen, dass es in seiner Erhabenheit und Weite immer da sein wird. Doch auch die Erde strahlt große Ruhe und Gelassenheit aus.

Schon werden Sie ganz sanft von Wolken eingehüllt. Sie sehen jetzt nur noch ein paar Leuchtraketen von oben. Gerade als die letzte Feuerwerksrakete gezündet wird und sich ihr goldener Sternenregen über den Himmel ergießt – was Ihnen jetzt nur noch wie ein schwacher Widerschein der Sternschnuppen vorkommt –, landen auch Sie mit den letzten Funken wieder sicher auf dem Boden. Plumps, da sind Sie wieder.

Aber etwas ist anders: Sie fühlen sich nun viel zufriedener. Sie wissen jetzt ja, dass Sie gar nicht so allein sind, wie Sie gedacht hatten. Die tiefe Verbundenheit von Erde und Himmel vermittelt Ihnen ein allumfassendes Gefühl von Geborgenheit. Sie fühlen sich ganz eingebunden in die Welt, in das Leben. Und freuen sich schon richtig auf den kommenden Tag.

Nach Ihrer wunderbaren Reise recken und strecken Sie sich erst einmal kräftig und öffnen dann die Augen. Sie fühlen sich rundum erfrischt und total zufrieden.

Tanzen Sie das Tier in sich

Haben Sie Lust, sich auf Ihrer eigenen Silvesterparty mal so richtig
»auszutanzen«? Tanzen befreit, macht locker und weckt schlummern-
de Talente in uns. Auch wenn Sie noch nie im Leben einfach spontan
allein getanzt haben, können Sie es hier ganz leicht und spielerisch
ausprobieren.

Wie wär's damit?

Legen Sie Musik auf, die Sie wirklich lieben und die Sie richtig in
Schwung bringt. Es muss gar keine Tanzmusik sein. Hauptsache, Sie
bekommen dabei ein bisschen Lust auf Bewegung. Stellen Sie sich
richtig locker hin und wippen Sie im Takt mit, bewegen sich einfach
ganz ungezwungen zur Musik. Machen Sie genau das, wozu Sie gerade Lust haben: hüpfen, sich im Kreis drehen, stampfen, auf einem
Bein wippen oder wie ein Derwisch herumwirbeln. Verlassen Sie sich
ganz auf Ihren Körper – der zeigt Ihnen schon, wie er sich gern bewegen will. Wenn Sie sich ein bisschen ausgetobt haben, werden Sie sich
bestimmt richtig lebendig und beschwingt fühlen.

Haben Sie jetzt genug Mut für ein kleines Tanzexperiment? Dann
versetzen Sie sich einmal in die Rolle Ihres Lieblingstiers: Ahmen Sie
einfach seine Bewegungen nach. Wenn Sie Katzen mögen, schleichen
Sie zur Musik durchs Zimmer wie eine gefährliche Raubkatze. Bewegen Sie sich so geschmeidig und elegant wie eine Katze. Spannen Sie
Ihre Muskeln an und lockern Sie sie im nächsten Moment wieder. Sie
dürfen dabei ruhig auch ein bisschen fauchen.

Mögen Sie Fische besonders gern, stellen Sie sich vor, wie Sie
durch Ihr Wohnzimmer gleiten wie ein Fisch durchs Wasser. Bewegen
Sie die Arme wie Flossen. »Schwimmen« Sie durchs Zimmer, drehen
Sie sich im Kreis und finden Sie immer neue Formen des Ausdrucks.
Probieren Sie aber ruhig auch die Bewegungen von Tieren aus, die Sie
eigentlich gar nicht leiden können. Wie tanzt es sich beispielsweise als
Spinne oder wie schlängelt sich eine Schlange durchs Zimmer? Gibt es
ganz langsame Tiere oder furchtbar schnelle?

Gehen Sie das Ganze nun einmal andersherum an: Wählen Sie zuerst die Musik aus und lassen Sie sich dann davon zu einem Tier inspirieren. Das geht zum Beispiel wunderbar mit der »Nussknacker-Suite« von Tschaikowsky. Vom Inhalt her hat diese Musik natürlich gar nichts mit Tieren zu tun, aber sie kann Sie zu den verschiedensten Kreaturen inspirieren. Ob es sich dabei um Vögel, Nilpferde oder stolze Löwen handelt: Hören Sie die Musik einfach an und Sie werden im Nu in ein Phantasiereich versetzt. Auch der »Karneval der Tiere« von Saint-Saëns eignet sich hervorragend für dieses kleine Abenteuer. Hier sind die Tiere zwar schon vorgegeben, um die es geht, aber Sie können sie natürlich auch austauschen.

Gehen Sie ganz spielerisch mit der Situation um. Vielleicht finden Sie ja im Tanz heraus, warum Ihnen ein bestimmtes Tier so gut gefällt und welche Eigenschaften es für Sie verkörpert. Welche Talente besitzen Sie selbst und welche möchten Sie gern noch entwickeln? Vielleicht verstehen Sie jetzt ja auch manches Tier besser, das Sie bisher eher abgelehnt haben. Gibt es bei ihm ebenfalls Eigenschaften, die Sie vielleicht »nachtanzen« könnten? Wie fühlen Sie sich dabei? Könnten Sie diese Eigenschaften vielleicht sogar übernehmen?

Es ist ausgesprochen lustig und noch dazu sehr spannend, tänzerisch in verschiedene Tierrollen zu schlüpfen, da wir die Eigenschaften dieser Tiere so am besten erfassen können. Aber auch über uns selbst können wir dabei eine Menge lernen: Das Tier in uns zeigt uns an Silvester seine ganz besonderen Qualitäten.

Kleines Silvestermenü

Nachdem Sie sich bei diesem »tierischen Vergnügen« so richtig ausgetobt haben, haben Sie jetzt wahrscheinlich auch einen »Bärenhunger«. Also stärken Sie sich erst einmal für den langen vergnüglichen Abend, der noch vor Ihnen liegt.

Wenn Sie Lust haben, heute Abend etwas Neues auszuprobieren, können Sie es mal mit einem der beiden folgenden Rezepte versuchen.

Wie wär's damit?

Für das pikante *Auberginen-Zucchini-Gemüse auf Basmati-Reis* brauchen Sie:

> 100 Gramm Auberginen
> 100 Gramm Zucchini
> $1/2$ Zehe Knoblauch
> 10 Gramm Sesam
> 2 Esslöffel Sojasauce
> 1 Prise Kümmel
> $1/2$ Teelöffel Sambal oelek
> 70 Gramm Basmatireis
> Öl, Salz, Pfeffer

Geben Sie den Basmatireis mit ebenso viel Wasser in einen Topf, kochen Sie ihn kurz auf und lassen Sie ihn dann etwa 20 Minuten bei geringer Hitze weiterköcheln. Ab und zu umrühren.

In der Zwischenzeit waschen Sie Auberginen und Zucchini und schneiden sie in dünne Scheiben. Dann braten Sie das Gemüse in einer Pfanne mit zwei Esslöffeln Öl an. Die Knoblauchzehe zerdrücken und hinzugeben, alles salzen und die Sojasauce unterrühren. Jetzt kommt noch Sesam, Kümmel und Sambal oelek dazu. Lassen Sie das Ganze noch etwa 10 Minuten garen. Richten Sie das scharfe Gemüse dann auf dem duftenden Basmatireis an und lassen Sie es sich schmecken.

Wenn Sie lieber Kartoffeln statt Reis mögen, bietet sich ein *herzhaftes Kartoffelgratin* an. Dazu nehmen Sie:

> 100 Gramm Kartoffeln
> 40 Gramm Crème fraîche
> 60 Milliliter Sahne
> 50 Gramm geriebenen Parmesan
> 1 Ei
> Salz, Pfeffer, Muskatnuss, Öl

Schälen Sie die Kartoffeln, schneiden Sie sie in dünne Scheiben und kochen Sie sie etwa 5 Minuten in Salzwasser. Dann werden die Kartoffelscheiben versetzt in einer eingefetteten Auflaufform übereinander geschichtet. Jetzt Créme fraîche, Sahne, Ei und 20 Gramm Parmesan verrühren, mit Salz, Pfeffer und Muskat abschmecken, über die Kartoffeln gießen und das Ganze mit dem restlichen Parmesan bestreuen. Nun muss das Kartoffelgratin im vorgeheizten Backofen bei 220 Grad nur noch 20 Minuten backen – guten Appetit!

Träume bewahren

Sind Sie jetzt so richtig satt und rundum zufrieden? Eine gute Grundlage, um sich ein paar Gedanken über Ihre Vorstellungen vom Leben und über Ihre – vielleicht fast schon vergessenen – Träume zu machen. Wo stehen Sie heute? Wo wollen Sie in einem Jahr, in zehn Jahren sein?

Bewahren Sie sich vor allem Ihre ganz großen Träume. Die, die Ihnen so wichtig sind, dass Sie sie lieber gar niemandem erzählen, die aber doch so viel Raum in Ihnen einnehmen. Manchmal ist es uns ja sogar peinlich, uns selbst einzugestehen, welche kühnen Vorstellungen wir ganz im Geheimen haben – dann unterdrücken wir unsere Wünsche schnell wieder. Aber alles, was wir unterdrücken und verdrängen, wird mit der Zeit immer stärker und möchte sich eines Tages doch verwirklichen, so verrückt es anderen vielleicht auch erscheinen mag.

Haben Sie den Mut, zu Ihren Träumen zu stehen – auch zu denjenigen, die Sie oft sogar vor sich selbst verstecken. Vielleicht hat man Sie früher ja ausgelacht, weil Sie unbedingt Pilot werden wollten, und Ihnen erzählt, welche schwierigen Voraussetzungen Sie dafür erfüllen müssten. Irgendwann haben Sie dann völlig resigniert und Ihren Traum zu den anderen nicht gelebten Wünschen in eine dunkle Ecke verbannt. Doch ab und zu, wenn Sie im Fernsehen eine Sendung über Piloten anschauen, verspüren Sie immer noch die alte, heimliche Sehnsucht.

Graben Sie Ihre alten Träume wieder aus. Geben Sie in kleinen Schritten Ihren Sehnsüchten den Platz in Ihrem Leben, der ihnen gebührt.

Wie wär's damit?

Machen Sie am Ende des Jahres doch einmal eine Bestandsaufnahme, sozusagen eine Inventur der Sehnsüchte, die Sie schon so lange in sich tragen. Lassen Sie wirklich alle Ideen zu, so verrückt sie Ihnen auch vorkommen mögen.

Nachdem Sie sich dafür richtig Zeit genommen haben und sich selbst dabei ein Stückchen näher gekommen sind, schreiben Sie Ihre drei tiefsten Sehnsüchte auf – ganz allein für sich selbst.

Auch wenn Sie meinen, niemals im Leben eine hervorragende Schauspielerin werden zu können oder Sie keine zehn Pferde in einen Hubschrauber bringen würden, obwohl Sie die Akrobatik des Fliegens so gern genießen würden, bleiben Sie bei Ihren Wünschen, die ein wichtiger Bestandteil Ihrer selbst sind. Bewahren und schützen Sie Ihre Träume.

Nachdem Sie sich zunächst für Ihre drei wichtigsten Träume entschieden haben – die anderen folgen dann später –, kommt es nun darauf an, deren Verwirklichung in kleinen Schritten anzugehen.

Nehmen Sie kleine Kärtchen, vielleicht Mini-Karteikarten, am besten schön bunt, und assoziieren Sie nun, welche Möglichkeiten Ihnen für die schrittweise Erfüllung Ihrer Wünsche offen stehen. Für Ihre Sehnsucht nach einer Schauspielkarriere gibt es beispielsweise allgemein zugängliche Schauspielkurse von Theatern, oft auch Kleinkunstbühnen, oder Schauspielschulen, die sogar Wochenendshops zum Schnuppern anbieten. Sie könnten sich einer Laiengruppe anschließen und dort erste Erfahrungen sammeln. Vielleicht merken Sie bei Ihrem Experiment sogar, dass Ihnen dieser Wunsch in Wirklichkeit doch gar nicht so zusagt, wie Sie sich immer vorgestellt hatten. Insofern ist Ihre Sehnsucht dann aber auch einer inneren Zufriedenheit gewichen, weil Sie ja diesen mutigen Schritt gemacht haben. Wenn Ihnen das Theaterspielen aber immer mehr Spaß macht, denken Sie gründlich darüber nach, wie Sie es am besten in Ihr Leben integrieren könnten.

Überlegen Sie sich nun für Ihre drei Hauptwünsche kleine Schritte, die in die richtige Richtung führen könnten. Notieren Sie auch die kleinsten Möglichkeiten, die Ihnen spontan einfallen, auf Ihren Karteikarten. Erst wenn Ihnen überhaupt keine Idee mehr kommt – aber das kann eine Weile dauern –, hören Sie auf. Sortieren Sie nun Ihre Kärtchen: Was sind die einfachsten, was sind die etwas aufwändigeren Möglichkeiten?

Nach dieser Anstrengung haben Sie aber auch schon den schwierigsten Schritt zur Erfüllung Ihrer wichtigsten Wünsche geschafft: Sie haben jetzt einen detaillierten, effektiven Plan. Und alle Ideen haben Sie ganz aus sich selbst heraus entwickelt – seien Sie also ruhig ein bisschen stolz auf sich!

Vielen anderen Menschen mögen Träume unrealistisch vorkommen, für Sie aber werden Ihre Träume nun schrittweise Wirklichkeit werden.

Jetzt haben Sie auch gleich noch eine perfekte Silvesterdekoration: Befestigen Sie Ihre Kärtchen einfach an verschieden langen Bändern oder Schnüren und hängen Sie sie wie Luftschlangen auf oder lassen Sie sie wie Girlanden von einer Zimmerecke zur anderen reichen. Wenn Sie farbige Kärtchen genommen haben, wird das Ganze sogar noch schön bunt.

Auf jeden Fall haben Sie nun Ihre wichtigsten Träume um sich. Wenn das kein gelungenes Fest ist!

Silvestergedanken

An Silvester ist ein offizieller Jahreszyklus beendet. Offiziell deshalb, weil diese Festlegung ja nicht unbedingt mit unserem eigenen Empfinden übereinstimmen muss. Vielleicht ergeht es uns ja ein bisschen wie den Menschen früherer Zeiten: Als damals der Beginn des neuen Jahres noch im Frühling gefeiert wurde, zeigte ja schon das neue Wachstum in der Natur an, dass hier tatsächlich etwas Neues begann. Äußerlich verändert sich bei uns zwischen Dezember und Januar jedoch nicht viel. Umso offensichtlicher ist aber, dass es dabei um einen Abschluss im Inneren geht. Wir schließen etwas ab – das letzte Jahr, auch wenn wir auf sichtbare Veränderungen noch eine Zeit lang warten müssen.

Werde- und Wartezeiten sind nicht immer leicht durchzustehen. Manchmal kommt es uns so vor, als würde alles eher ins Stocken geraten. Doch im Verborgenen ist das neue Leben bereits da – wie vor jeder Geburt. Auch wenn wir wissen, dass etwas Wunderbares geschehen wird, müssen wir doch Wartezeiten und Schmerzen in Kauf nehmen – auch das erinnert immer wieder an eine Geburt. Aber erst aufgrund geduldigen Wartens kann sich das Neue zur vollen Schönheit entfalten. Würde man schon im Winter die Zwiebeln der Maiglöckchen ausgraben, um nachzusehen, ob sich auch alles perfekt entwickelt, so hätte das verheerende Folgen. Werdezeiten erfordern also vor allem Geduld.

Der Dichter Hermann Hesse hat diese Zusammenhänge in wunderschöne Worte gefasst. In der ersten Strophe seines bekannten Gedichts »Stufen« schreibt er über die Lebensübergänge:

Wie jede Blüte welkt und jede Jugend
dem Alter weicht, blüht jede Lebensstufe,
blüht jede Weisheit auch und jede Tugend
zu ihrer Zeit und darf nicht ewig dauern.
Es muss das Herz bei jedem Lebensrufe
bereit zum Abschied sein und Neubeginne,
um sich in Tapferkeit und ohne Trauern
in andre, neue Bindungen zu geben.
Und jedem Anfang wohnt ein Zauber inne,
der uns beschützt und der uns hilft, zu leben.*

Dieses wunderbare Gedicht hat noch zwei weitere Strophen, die sich zu lesen lohnen. Die erste Strophe zeigt aber schon deutlich, worum es geht: Nicht am Vergangenen festzuhalten, sondern sich dem Fluss des Lebens anzuvertrauen. Wir sollen nicht traurig auf das alte Jahr zurückblicken, sondern uns für das Neue und Schöne öffnen, das auf uns zukommt. Das gilt für alle Lebensstufen: Immer heißt es zuerst einmal Abschied nehmen, aber schon sehr bald eröffnen sich uns neue und reifere Sichtweisen.

---

* aus: *Sämtliche Werke*, Band 10: »Die Gedichte«. © Suhrkamp Verlag Frankfurt: »Stufen«

Alles hat seine Zeit. Und so sind wir manchmal allein und manchmal mit anderen zusammen. In diesem Sinn sollten wir jede einzelne Stufe unseres Lebens genießen und von ihr lernen, bevor wir uns wieder neuen und anderen Aufgaben zuwenden. Lassen Sie dieses Gedicht einmal richtig auf sich wirken: Es ist ungemein tröstlich und schenkt uns große Zuversicht – nicht nur am Silvesterabend, sondern das ganze Jahr über.

Ostern

Obwohl Ostern eigentlich das wichtigste Fest im Kirchenjahr ist, wird doch Weihnachten im Allgemeinen größere Beachtung geschenkt. Daher fällt es uns meistens auch nicht so schwer, das Osterfest allein zu verbringen. Die vielen Feiertage von Karfreitag bis Ostermontag können uns allerdings schon zu schaffen machen: Vor allem dann, wenn wir selbst nichts vorhaben, während ringsum (zumindest scheinbar) glückliche Familien schöne Frühjahrsspaziergänge unternehmen oder Verwandte besuchen.

Wenn wir uns jedoch einmal etwas ausführlicher mit den eigentlichen Inhalten des Osterfestes beschäftigen, wird sich uns eine Fülle offenbaren, die zu verinnerlichen und zu bewältigen es schon ein paar Feiertage braucht. Was ist in diesem kurzen Zeitraum nicht alles geschehen: Am Karfreitag die Kreuzigung Christi, und am Ostersonntag dann die Auferstehung. So nahe liegen Tod und Leben, Leid und Freude zusammen.

Aufgrund der großen kirchlichen Bedeutung dieses Festes galt die Zeit vor Ostern schon immer als Fastenzeit. Zunächst wurde im frühen Christentum allerdings nur am Freitag und Samstag vor Ostern gefastet, dann eine ganze Woche und schließlich vierzig Tage lang – von Aschermittwoch bis Ostersonntag. Die Sonntage in diesem Zeitraum waren jedoch vom Fasten ausgenommen. Später wurden die ganz strengen Fastenregeln dann zunehmend gemildert, aber nie ganz aufgehoben. Die Fastenzeit gilt nach wie vor als Zeit der Buße und Besinnung. Sie soll die Gläubigen auf die großen Ereignisse des Osterfestes vorbereiten.

Seit dem Konzil von Nicäa im Jahr 325 n. Chr. wird Ostern immer am Sonntag nach dem ersten Vollmond im Frühling gefeiert. Woher der Name »Ostern« letztlich stammt, ist bis heute aber noch nicht endgültig geklärt. Einerseits könnte die frühere Göttin des aufsteigenden Lichts, »Ostara«, Namenspatin gewesen sein, andererseits bedeutet das althochdeutsche Wort *Ostara* die Morgenröte.

Auch unsere Ostersymbole wie Ei und Hase sind nicht nur uralten Fruchtbarkeitsriten entsprungen. Eier dienten früher einmal als »Steuerabgabe«, da es im zeitigen Frühjahr ja noch keine Feldfrüchte gab, mit denen die Leute ihre Steuerschulden hätten begleichen können. Das galt damals auch für Hasen, die sich ja bekanntlich recht schnell vermehren. Erst später begann man Eier zu Ostern auch an Freunde zu verschenken – und so wurden sie schließlich verziert. Anfangs tauchte man sie einfach in rote Farbe, die an das Blut Christi erinnern sollte, später wurden die Verzierungen dann immer kunstvoller. Zahlreiche Bräuche haben ihren Ursprung in dieser Thematik.

Ein besonders eindrucksvolles und auffallendes Symbol sind die Feuer, die in der Osternacht auf riesigen Holzstößen entzündet werden. In manchen Gegenden werden auch brennende Osterräder den Berg hinabgerollt. Feuer als Zeichen des Lichts in der Dunkelheit spielt bei vielen dieser Bräuche eine zentrale Rolle: Das Licht des Auferstandenen durchbricht die Dunkelheit.

Ostern ist in seiner Bedeutung also sehr komplex und lässt viele Deutungsmöglichkeiten zu. Genießen Sie diese Feiertage auf Ihre ganz persönliche Art. Schwelgen Sie ruhig auch ein bisschen in Frühlingsgefühlen und gestalten Sie diese Tage so bunt und reichhaltig wie möglich.

Der Ostermorgen

Auch wenn Sie sonst eigentlich eher nicht zur Kirche gehen, könnten Sie doch zu Ostern einmal eine Ausnahme machen. Sie werden sehen: Eine Ostermesse ist ein ganz besonderes Erlebnis.

Wie wär's damit?

Schon ganz früh am Morgen findet in fast allen Kirchen der Ostergottesdienst statt. Bereits um sechs Uhr beginnt die Feier – wenn es also noch richtig dunkel ist. Auch in der ganzen Kirche herrscht Dämmerlicht. Es ist eine ganz besondere Atmosphäre, besinnlich und aufregend zugleich. Meistens bekommt jeder Besucher am Eingang eine kleine Kerze geschenkt, die er an seinen Platz mitnimmt, aber noch nicht anzündet. Diese Zeit der Dunkelheit soll an den Tod Jesu erinnern.

Das Aufflammen der Osterkerze zum Zeitpunkt des Sonnenaufgangs verkündet dann die Osterfreude: die Auferstehung Christi, die das Licht symbolisiert. Jetzt entzündet jeder seine kleine Kerze an der großen Osterkerze oder an der Kerze seines Nachbarn – so wird das Osterlicht von Bank zu Bank weitergereicht. Auf diese Art entsteht ein tiefes Gefühl der Zusammengehörigkeit: Niemand fühlt sich mehr allein und trotz der frühen Stunde machen sich alle ganz erfrischt und beschwingt auf den Heimweg. Wenn Sie es irgendwie schaffen, am Ostermorgen zeitig aus den weichen Federn zu kriechen, sollten Sie sich dieses Erlebnis nicht entgehen lassen. Es lohnt sich bestimmt!

Sie können aber auch allein etwas von diesem Zauber spüren, wenn Sie bei klarem oder zumindest nur leicht bewölktem Himmel in der Morgendämmerung in die freie Natur hinausgehen oder -fahren, um dort den Sonnenaufgang mitzuerleben. Manchmal ist es an Ostern ja schon recht mild – dann können Sie um diese Zeit sogar schon die Vögel jubilieren hören: Osterfreude in der Natur.

Einen Sonnenaufgang können Sie natürlich zu jeder Jahreszeit erleben, aber an Ostern finden Sie vielleicht einen besonders tiefen Zugang zu der symbolischen Bedeutung dieses scheinbar so alltäglichen Geschehens. Nehmen Sie sich ein bisschen Proviant mit, wenn Sie noch nicht gefrühstückt haben, und genießen Sie Ihren Ostermorgen unter freiem Himmel. Es wird sicher ein wunderschönes Erlebnis werden.

Fröhliche Osterdekorationen

Osterschmuck ist im Grunde auch immer Frühlingsschmuck. Wenn Ihnen bunte Eier und niedliche Küken zu kitschig vorkommen, sorgen Sie doch einfach für mehr Frühlingsgefühle in Ihrer Wohnung.

Wie wär's damit?

Lassen Sie sich vom Anfang des bekannten Gedichts »Frühling lässt sein blaues Band wieder flattern durch die Lüfte« von Eduard Mörike gleich einmal zu einer etwas anderen Osterdekoration inspirieren. Wenn es draußen wieder wärmer wird und die milde Frühlingsluft auch ins Haus strömt, sehen bunte Frühlingsbänder vor den Fenstern besonders hübsch aus: Blau für den Himmel, weiß für die Wolken und gelb als Symbol für die Sonne. Zusammen wirken diese Farben sehr harmonisch und doch frisch.

Kaufen Sie in einem Bastelgeschäft dünnes, farbiges Krepppapier, das Sie in lange Streifen von etwa 50 bis 70 Zentimetern – je nach Fenstergröße – schneiden. Nehmen Sie zehn oder zwölf bunte Bänder zusammen, falten Sie die Enden oben einmal um und binden Sie eine große Schleife darum. Dann befestigen Sie die Schleife mit einem Klebestreifen an Ihrem Fensterrahmen. Und schon haben Sie Ihre bunten Frühlingsbänder, die bei jedem Windhauch sachte hin- und herschweben.

Den Frühling können Sie sich auch auf Ihre Fensterbank holen. Besorgen Sie sich in einem Blumengeschäft Hyazinthen, Krokusse und Mini-Osterglocken, die Sie zu Hause in einer Blumenschale ganz nach Ihrem Geschmack arrangieren. Auch in einem alten Kochtopf oder einer Auflaufform sehen diese ersten Frühlingsboten zauberhaft aus.

Wenn Sie auch noch Ihrem Blumentopf einen Hauch von Frühling verleihen wollen, nehmen Sie bunte Wellpappe aus dem Bastelgeschäft und befestigen sie mit Klebestreifen um das Gefäß. Dann schneiden Sie in einer anderen Farbe ein schmaleres Stück Wellpappe zurecht und kleben es auf die erste Ummantelung. Besonders hübsch sehen kontrastreiche Farbkombinationen wie Gelb und Blau oder Grün und Rot aus – aber das ist natürlich Geschmackssache. Auf jeden Fall haben Sie so auf schnelle Art einen neuen Übertopf gezaubert. Wenn Sie gleich ein paar davon fabrizieren, wirkt Ihre gesamte Fensterbank wie ein kleiner Frühlingsgarten.

Das Keimen und Wachsen einer Pflanze ist immer wieder ein kleines Wunder. Wenn Sie das einmal ganz bewusst erleben wollen, kaufen Sie eine Tüte Kressesamen, die Sie entweder in ein Schälchen mit Erde oder auf nasse Watte legen. Schon nach wenigen Tagen wächst und gedeiht ein Miniaturgarten in Ihrer Küche. Wenn Sie dieses Kressegärtchen dann noch mit einem bunten Band und einem niedlichen Steckmotiv wie einer Holzblüte oder -ente verzieren, haben Sie ein wunderschönes Kressekörbchen, das Sie gut verschenken, aber natürlich auch selbst behalten und sich daran freuen können.

Vielleicht würde Ihnen ja auch ein Türkranz gefallen, der Sie schon beim Heimkommen willkommen heißt. Dann kaufen Sie in der Dekorationsabteilung eines Blumengeschäfts einen ganz einfachen, billigen Kranz. Wenn Sie oben auf dem Kranz jetzt eine hübsche Schleife in Ihrer Lieblingsfarbe befestigen und an der unteren Seite Bänder in verschieden abgestuften Farbtönen herunterhängen lassen, sieht das Ganze schon sehr hübsch aus. Die unteren Bänder sollten unterschiedliche Längen haben, das wirkt lockerer. So haben Sie an Ihrer Osterdekoration noch den ganzen Frühling über Ihre Freude.

Bringen Sie Farbe in Ihr Leben

Ostern steht schon ganz im Zeichen des beginnenden Frühlings. Das zeigt sich auch an der verschwenderischen Vielfalt an Farben in der Natur. Jetzt, im März oder April, blühen weiße, gelbe und fliederfarbene Krokusse, duftende Hyazinthen in Rosa und Violett und Primeln in allen Farbvarianten. Die Natur ist zu neuem Leben erwacht.

Farben vermitteln Lebensfreude. Achten Sie einmal darauf, in welchen Räumen Sie sich besonders wohl fühlen. Gehen Sie gern in ein rustikales Lokal mit Holzbalken an der Decke, in dem warme Erdtöne vorherrschen? Oder fühlen Sie sich in einem hellen, luftigen Café wohler?

In welche Geschäfte gehen Sie am liebsten? In üppig dekorierte oder in helle, klar strukturierte? Sogar in diesen Bereichen reagieren wir auf die Farben, die uns umgeben. Gerade jetzt im Frühling nehmen wir Farben jedoch meistens noch bewusster wahr, wenn nach der langen dunklen Zeit hier und da endlich wieder die ersten Farbtupfer auftauchen.

Wie können Sie sich vom Frühling aber nun dazu anregen lassen, auch mehr Farbe in Ihr Leben bringen?

Wie wär's damit?

Finden Sie zunächst einmal heraus, welche Farbe Ihnen besonders gut tut. Was ist Ihre Lieblingsfarbe? Mit welcher Farbe würden Sie sich am liebsten umgeben? Welche Farbe hat Ihre Kleidung am häufigsten?

Haben Sie Lust, sich auf ein kleines Experiment einzulassen? Dann wählen Sie, wenn Sie das nächste Mal einkaufen gehen, nur solche Lebensmittel aus, die Ihrer Lieblingsfarbe entsprechen. Achten Sie einzig und allein auf die Farbe und kosten Sie sie ganz aus. Sie können sogar ein komplettes Menü in Ihrer Lieblingsfarbe zusammenstellen. Was halten Sie zum Beispiel davon: rote Bohnensuppe, Lachs an gedünsteter Tomate und rotem Paprika und als Dessert eine Erdbeercreme mit Rhabarbersauce?

Doch Farben können Sie nicht nur »essen«, sondern auch »trinken«: Nehmen Sie ein Glas mit klarem Wasser und legen Sie ein Stück farbiges Pergamentpapier darüber. Spüren Sie in sich hinein, welche Farbe Sie jetzt brauchen könnten. Stellen Sie das Wasserglas mit dem entsprechenden Pergamentpapier dann in die Sonne oder unter eine Lampe. Zwar wird das Wasser nun nicht optisch diese Farbe annehmen, doch schon nach kurzer Zeit hat es die Schwingung der Farbe des Pergamentpapiers aufgenommen – Sie können Ihre Farbe jetzt also »trinken«.

Jede Farbe hat auf uns eine andere Wirkung. Sie haben sicherlich schon selbst festgestellt, dass Blau eher beruhigend und kühl wirkt. Ein blau getöntes Schlafzimmer kann daher bei Schlaflosigkeit helfen, ebenso wie »blaues Wasser« oder der »blaue Lavendelduft«. Blau kann aber auch ein bisschen melancholisch stimmen – denken Sie nur an den Begriff »blaue Stunde«. »Blaumachen«, »blau sein«, »blaues Blut«, »blauer Planet« oder »Blauäugigkeit«: All diese Redensarten greifen verschiedene Aspekte der Farbe Blau auf.

Eher gegensätzliche Eigenschaften werden der Farbe Rot zugeschrieben. Rot signalisiert Gefahr, aber auch Leidenschaft. Es belebt und wärmt. Rot schenkt Vitalität, kann aber auch aggressiv wirken. Daher sollte man Rot bei entzündlichen Krankheiten vermeiden. »Zornesrot«, »rot wie die Liebe«, »roter Faden«, »rotes Tuch« oder

»rote Karte«weisen auf die unterschiedlichen Aspekte der Farbe Rot hin.

Wieder ruhiger erscheint dagegen das Grün. Grün symbolisiert Wachstum, Regeneration, Harmonie und Hoffnung. Grün beruhigt und lässt einen tiefer durchatmen. Es gibt zwar auch die Komponente des »Giftgrün«, aber ein Aufenthalt draußen im Grünen versöhnt und heilt.

Lebhafter wirkt dann wieder das Gelb. Gelb symbolisiert das Sonnenlicht, stimmt optimistisch, heitert auf und vertreibt ähnlich wie Orange Depressionen. Gelb steht für lebhafte geistige Interessen. Man kann aber auch »gelb vor Neid« werden.

Diese Hinweise helfen Ihnen vielleicht, schneller Ihre persönliche Lieblingsfarbe herauszufinden, wenn Sie sich bisher noch nicht entschieden haben. Befassen Sie sich aber auch mit anderen Farben: Womöglich gefallen Ihnen ja mehrere Farben besonders oder Sie haben es gern so richtig bunt.

Lassen Sie auch den Duft von Aromaölen in verschiedenen Farben auf sich wirken – im Duftlämpchen oder als Badezusatz. Probieren Sie aus, ob Ihnen die belebende Wirkung des Gelbtons von Melisse oder Lemongras gut tut, der warme, schwere Duft von Rosenholz, der eher dem Rot entspricht, das Blau des kühlen, beruhigenden Lavendels oder das reinigende, klärende Grün des Eukalyptus, den man wunderbar mit dem samtenen Duft der Tanne kombinieren kann.

Stellen Sie sich Ihre ganz persönliche Mischung zusammen, nach Farbe, Duft oder Wirkung – wie immer Sie wollen. Und lassen Sie sich von »Ihren« Farben ein neues Lebensgefühl im Frühling schenken.

Alles ist richtig

Stellen Sie sich einmal vor, dass alles, was Sie sind und in Ihrem Leben tun, genau richtig ist. Meistens haben wir ja einiges an uns selbst auszusetzen: sei es am Aussehen, am Verhalten oder auch am eigenen Können. Habe ich die richtige Größe, bin ich zu dick oder gar zu dünn, stimmt die Haarlänge? War ich vorhin freundlich genug oder denkt mein Kollege jetzt, dass ich ihn nicht mag? Müsste ich nicht mal wieder ein paar Verwandte einladen, die warten sicher schon darauf?

Und manchmal denken wir womöglich sogar, dass wir uns zwar alle Mühe geben, aber irgendwie doch nichts Richtiges zustande bringen. Solche Gedanken hat wohl jeder irgendwann einmal.

Da wäre das Osterfest doch eine wunderbare Gelegenheit, die Osterfreude wirklich zuzulassen: zu feiern, dass wir im Grunde genau richtig sind. Einfach so, wie wir sind, ohne irgendetwas Bestimmtes leisten zu müssen. Die Botschaft des Osterfestes besagt ja, dass wir in unserem So-Sein bedingungslos akzeptiert werden. Dieses gute Gefühl kommt vor lauter Verpflichtungen und Besuchen an Ostern aber oft gar nicht richtig zum Tragen. Wenn Sie dieses Fest allein feiern, haben Sie jedoch die Chance, ganz in dem Gefühl Alles-ist-in-Ordnung-mit-mir aufzugehen.

Wie wär's damit?

Wenn Sie einmal darüber nachdenken, für was Sie sich alles täglich kritisieren, werden Ihnen wahrscheinlich jede Menge Punkte einfallen. Wie oft sagen wir zu uns selbst: »Da hättest du wirklich besser aufpassen können«, »Wie konntest du bloß diesen Ramsch kaufen« oder »Du kannst aber auch gar nichts«. Mit solchen Nörgeleien oder gar Beschimpfungen verderben wir uns oft selbst den Tag.

Noch schlimmer ist aber, dass diese negativen Äußerungen in unserem Unterbewusstsein haften bleiben – bald glauben wir selbst daran. Dann machen wir uns lieber schon ganz klein, bevor es irgendein anderer tun kann. Irgendwo fühlt sich ja wohl jeder ein Stückchen unzulänglich. Ein Single sagt schon einmal: »Ach, hätte ich doch eine eigene Familie, die mich versteht und in der ich mich geborgen fühlen kann.« Und derjenige mit Familie klagt: »Ach, hätte ich doch damals nicht geheiratet, wie frei und ungebunden wäre ich jetzt.« Wie auch immer: Oftmals kritisieren wir viel zu viel an uns selbst und unseren Lebensumständen herum.

Stellen Sie sich zur Abwechslung doch einmal vor, dass alles, was Sie tun, genau richtig ist. Das ist völlig abwegig, meinen Sie? Niemand ist perfekt? Perfekt vielleicht wirklich nicht, aber immerhin vollkommen. Schwer zu glauben? Dann probieren Sie mal folgende Übung aus:

Nehmen Sie einen Stift und ein Blatt Papier und setzen Sie sich ganz bequem hin. Machen Sie es sich so richtig gemütlich. Nun schreiben Sie oben auf das Blatt: »Ich bin vollkommen und mache alles richtig.« Welche Reaktion löst dieser Satz bei Ihnen aus? Totale Ablehnung? Dann schreiben Sie gleich darunter, was Sie empfinden. Vielleicht das: »Ich und vollkommen? So ein Unsinn, das kann ja jeder behaupten.«

Übernehmen Sie nun die Rolle eines Fürsprechers in Ihrem Dialog mit sich selbst, der Sie aufbauen und stärken will: *Doch, du bist wirklich großartig.* Fällt es Ihnen schwer, den Part zu übernehmen, der es gut mit Ihnen meint? Ist die Gegenstimme, der Anteil in Ihnen, der sagt: »Nein, das kann nicht sein«, stärker in Ihnen verwurzelt?

Setzen Sie Ihren Dialog fort. Sie werden sich wundern, wie sehr sich Ihre Einstellung verändern wird. Ihr kleines Gespräch mit sich selbst könnte zum Beispiel folgendermaßen weitergehen:

»Vielleicht mache ich ja manchmal etwas richtig, aber bestimmt nicht immer.«

Doch, du bist völlig in Ordnung.

»So langsam ärgert mich das hier.«

Du bist trotzdem in Ordnung und machst alles richtig.

»Na, gut, damit ich meine Ruhe habe.«

Auch darin bist du völlig in Ordnung.

»Kannst du auch mal was anderes sagen? Aber naja, vielleicht kommt es wirklich auf die Sichtweise an.«

Du bist ein wundervoller Mensch und völlig in Ordnung.

»Vielleicht muss ich mich wirklich nicht immer bis zum Letzten anstrengen.«

Du machst alles richtig und bist wirklich in Ordnung.

»Das wäre schon toll – ich lass es mir jetzt mal richtig gut gehen.«

Na, haben Sie Lust bekommen, sich einmal auf ein solches Gespräch mit sich selbst einzulassen? Schreiben Sie Ihren ganz persönlichen Dialog auf, der natürlich auch völlig anders verlaufen kann. Setzen Sie das Gespräch so lange fort, bis Sie sich richtig entspannt und zufrieden fühlen. Sie werden sehen: Es hat eine ausgesprochen belebende Wirkung.

Noch ein kleiner Tipp: Auch zu vielen anderen Themen und Fragestellungen, die Sie beschäftigen, können Sie solch einen Dialog führen. Probieren Sie es einfach aus. Es wird Ihnen bestimmt viel Spaß machen und noch dazu ganz neue Erkenntnisse vermitteln.

Baummeditation

Der beginnende Frühling in der Osterzeit zeigt immer auch an, dass jetzt Wachstum angesagt ist. Etwas ganz Neues, Frisches kann beginnen – ohne die Belastungen der Vergangenheit. Spüren Sie in dieser Meditation bewusst Ihre neuen Kräfte, die Sie für das ganze Jahr stärken werden.

Als Symbol dafür eignet sich am besten ein Baum: Er lebt im Rhythmus der Jahreszeiten, blüht im Frühjahr, entfaltet im Sommer seine mächtige Krone, trägt im Herbst Früchte und zieht seine Säfte im Winter langsam wieder zurück, um im nächsten Jahr noch größer und stärker dazustehen.

Wie wär's damit?

Setzen oder legen Sie sich bequem hin, schließen Sie die Augen und atmen Sie ein paar Mal tief durch. Konzentrieren Sie sich auf sich selbst. Sie spüren ganz bewusst Ihren Körper und achten auf Ihren Atem. Langsam fühlen Sie sich lockerer und entspannter.

Stellen Sie sich nun vor, dass Ihr Körper einem großen Baum gleicht, fest und stark und zugleich doch flexibel. Ihre langen Wurzeln reichen tief in die dunkle, schützende Erde hinein und geben Ihnen festen Halt. Oben entfalten Sie Ihre Äste in den Himmel hinein und spüren, wie Ihre zahllosen, grünen Blätter sich sachte im Wind wiegen und das strahlende Sonnenlicht speichern. Es ist Sommer, und eine leichte Brise streichelt sanft Ihre Blätter.

Genießen Sie ein paar Minuten das herrliche Gefühl, wie ein Baum einen festen Stand zu haben und genau am richtigen Platz zu sein. Wenn Sie sich damit ein bisschen vertraut gemacht haben, spüren Sie nach, wie es ist, als Baum den Regen auf sich niederprasseln zu fühlen, den Wechsel von Tag und Nacht und die damit verbundenen Temperaturunterschiede unter freiem Himmel zu erleben. Vielleicht lieben Sie die lauen Sommerabende, wenn die Grillen an Ihren Wurzeln zirpen.

Genießen Sie Ihr Baumdasein zu allen Jahreszeiten. Auch wenn dann die wilden Herbststürme über das Land hinwegpeitschen, Ihre Äste sich tief hinabbiegen und die Blätter sich bunt verfärben, so fühlen Sie sich doch ganz tief innen immer geborgen. Nichts kann Sie wirklich erschüttern.

Nun wird es langsam kälter. Die ersten Schneeflocken umtanzen Ihre kahlen Zweige und Ihren Stamm. Der Boden gefriert, doch Sie stehen stark und kraftvoll da. In dieser Zeit sind Sie etwas mehr nach innen gewandt. Sie konzentrieren sich ganz auf Ihren Kern. Draußen ist es jetzt oft dunkel und Sie nehmen nicht viel Äußeres wahr. In Ihrem Stamm pulsiert nur noch ganz langsam der Lebenssaft, aber Sie spüren eine große Zuversicht in sich. Daher können Sie die dunklen Wintermonate sogar ein Stück weit genießen.

Jetzt werden die Tage langsam wieder länger und irgendwie ahnen Sie bereits den kommenden Frühling. Bald schon fühlen Sie das Drängen der Knospen und werden richtig aufgeregt, obwohl Sie den Frühling ja schon viele Male erlebt haben. Doch immer wieder kosten Sie die neu erwachten Kräfte in sich voll aus. Es ist, als würden Sie sich recken und strecken und überall die verjüngende Frische spüren, die in Ihrem Stamm und Ihren Ästen aufsteigt. Bald schon werden Sie wieder Ihre prachtvolle Krone entfalten und den Sommer genießen, bis erneut die ersten Herbststürme über das Land ziehen. Doch das macht Ihnen nichts aus, Sie sehen alles sehr gelassen. Das Leben wird immer stärker sein.

Wenn Sie nun wieder die Augen öffnen und ganz wach geworden sind, nehmen Sie ein Blatt Papier und Farben zur Hand und malen sich selbst als Baum. Haben Sie einen dicken oder einen dünnen Stamm? Sind Sie ein Laub- oder ein Nadelbaum? Sehen Sie sich noch im Winter mit kahlen Ästen oder schon mit den ersten Frühlingsblättern?

Nehmen Sie sich Zeit für Ihren Baum und lassen Sie ihn eine Weile auf sich wirken. Erkennen Sie sich in ihm wieder?

Welche Landschaft sind Sie?

Die ganze Landschaft verändert sich an Ostern – der Frühling kommt. Landschaften können so vieles ausdrücken: Denken Sie nur an die Lebendigkeit und Vitalität einer bunten Blumenwiese, die Weite, Kargheit und klare Struktur einer Wüste, die Majestät der Berge, die Sanftheit und Stetigkeit ruhiger Flusslandschaften.

Die Natur übt immer wieder eine große Faszination auf uns aus. Wenn Sie die freie Wahl hätten, wo würden Sie gern leben? Und was sagt dieser Ort über Sie selbst aus?

Wie wär's damit?

Machen Sie sich auf zu einer Phantasiereise. Schließen Sie die Augen, legen oder setzen Sie sich bequem hin und lassen sich einfach ganz entspannt treiben.

Welche Landschaft taucht vor Ihnen auf? Wo fühlen Sie sich wohl? Sehen Sie Ihre Landschaft in allen Einzelheiten vor sich. Gibt es Bäume, Wasser oder Schluchten? Wie ist die Stimmung? Was macht den einmaligen Reiz Ihrer Landschaft aus?

Falls Sie sich noch nicht ganz sicher sind, wo Sie sich wirklich heimisch fühlen, dann gehen Sie doch einfach in ein Reisebüro und lassen Sie sich Prospekte derjenigen Gegenden mitgeben, die Ihnen am meisten zusagen. Beim Durchblättern werden Sie sich sicher schnell inspiriert fühlen. Aber auch in Postergalerien gibt es wunderbare Landschaftsfotos und -poster. Ansonsten durchstöbern Sie einmal die Postkartenständer nach Ihren Lieblingsmotiven.

Wenn Sie dann die Landschaft gefunden haben, die Sie am meisten anspricht, fragen Sie sich einmal, was genau Sie an diesem Motiv so fasziniert. Vielleicht gefallen Ihnen zum Beispiel die Gletscher in den Bergen ganz besonders. Was fühlen Sie, wenn Sie von sich selbst sagen: Ich bin ein Gletscher? Welche Kräfte und Fähigkeiten in Ihnen werden dadurch freigesetzt? Ist es die besondere Klarheit, die Sie an Gletschern fasziniert, die Stetigkeit, vielleicht sogar eine gewisse Gelassenheit und Unberührtheit?

Welche Aspekte verkörpert Ihre Landschaft? Und als welche Land-

schaft würden Sie sich einem Fremden gegenüber beschreiben, damit
er Sie besser kennen lernt?
Schildern Sie auch das Klima. Ist es dort eher kühl oder ziemlich
heiß? Was gefällt Ihnen an diesem Klima so gut?
Wenn Sie wollen, hängen Sie Ihr Landschaftsbild an einen zentralen Platz in Ihrer Wohnung. Dann kann es Sie immer wieder an wichtige Aspekte Ihrer Persönlichkeit erinnern.
Hier noch ein paar Assoziationen, die Ihnen die Auswahl vielleicht
ein bisschen leichter machen:

- Wasser: tiefgründig, still, ruhig, geheimnisvoll, reinigend, klärend,
  aber auch aufbrausend, kraftvoll, stark, sprudelnd
- Wüste: still, konzentriert, weit, karg
- Garten: lieblich, vielfältig, sanft, heiter
- Berge: erhaben, majestätisch, emporstrebend

Überraschende Frühlingsgrüße

Vielleicht haben Sie ja Lust, anderen Menschen eine unverhoffte
Osterfreude zu bereiten. Keine Angst: Sie bleiben dabei ganz anonym
und können sich noch dazu jederzeit selbst an Ihren Frühlingsgrüßen
freuen. Nach ein paar Wochen werden Sie eine blühende Pracht vor-
finden.

Wie wär's damit?

Da Ostern von neuem Leben und Wachstum kündet, könnten Sie in
diesen Tagen doch eine kleine Überraschung für Ihre Mitmenschen
vorbereiten: mit wunderschönen Frühlingsblumen. Natürlich sollen
Sie jetzt nicht von Haus zu Haus gehen und Blumen verschenken.
Aber Sie könnten sich im Blumengeschäft oder im Supermarkt ein paar
Blumenzwiebeln besorgen, die Sie um die Osterzeit, also im März
oder April, dann einpflanzen: Schon in ein paar Wochen werden an
diesen Stellen wunderschöne Blumen blühen.
Gehen Sie an einem der Feiertage früh morgens oder in der Abend-

dämmerung in einen Park, den Sie häufiger aufsuchen, in ein nahe-
gelegenes Wäldchen oder auch auf eine brachliegende Wiese an der
Straße und pflanzen Sie die Blumenzwiebeln dort ein. Sie werden
sehen: Es macht richtig Spaß, das ein bisschen heimlich zu tun. Bestimmt haben Sie später Lust, immer wieder einmal nach Ihrem
»Geheimnis« zu schauen, und werden Ihre Freude daran haben, wenn
das erste zarte Grün zu sprießen beginnt.

Nach ein paar Wochen werden sich viele Menschen, die bisher immer unachtsam an dem unauffälligen Fleckchen Erde vorbeigegangen
sind, darüber freuen, was für prächtige Blumen hier plötzlich blühen.
So haben Sie ein Stückchen von Ihrer Osterfreude an andere weiter-
gegeben und damit etwas Schönes geschaffen.

Das Erwachen der Knospe

Möchten Sie einmal direkt spüren, wie es einer Knospe ergehen mag,
die kurz vor dem Erblühen ist? Mit dieser kleinen Pantomime können
Sie diese Erfahrung selbst ein Stückchen nachvollziehen.

Wie wär's damit?

Empfinden Sie nach, wie es ist, als Knospe zu erwachen und zur
ganzen Schönheit aufzublühen. Hören Sie zur Einstimmung am besten den Blumenwalzer aus der Nussknacker-Suite von Tschaikowsky.
Zu Beginn noch ganz langsam und verhalten, steigert er sich zunehmend zu immer ausgelassenerer Lebensfreude bis hin zur vollen Entfaltung.

Kauern Sie sich zunächst wie ein eingerolltes Blatt auf den Boden.
Machen Sie sich ganz klein, den Kopf auf dem Boden und die Arme
ganz eng am Körper. Stellen Sie sich vor, wie eng sich so eine Knospe
fühlen muss. Dafür ist sie jedoch gut geschützt. Dieser Schutz umgibt
jetzt auch Sie. Wie fühlen Sie sich dabei? Vielleicht wird es Ihnen ja
schon bald zu unbequem und viel zu eng. Sie sehnen sich danach, sich
wieder so richtig recken und strecken zu können. Wiegen Sie sich ein
bisschen mit der Musik hin und her, bis Sie den Impuls verspüren, sich
langsam aufzurichten.

Bewegen Sie zunächst leicht Ihre Arme, während Sie noch am Boden kauern. Strecken Sie die Arme aus, legen Sie sie wieder an und heben Sie sie noch ein bisschen höher. Allmählich wird aber auch diese Position wieder unbequem. Lassen Sie sich von der Musik tragen und richten Sie Ihren Rücken ein wenig mehr auf, während der Kopf noch am Boden bleibt.

Nun wird die Musik immer fröhlicher und lebhafter. Wie fühlen Sie sich als Blume, die nach und nach ihre Blütenblätter entfaltet? Heben Sie nun auch Ihren Kopf, so dass Sie jetzt ganz aufrecht knien. Lassen Sie Ihre Arme zum Takt der Musik schwingen, bewegen Sie Ihren Oberkörper wie eine Blüte im sanften Wind.

Welche Blume sind Sie? Welche Farbe haben Sie? Fühlen Sie sich ganz in die Blume ein, die zu Ihnen passt. Vielleicht sind Sie eine Rose, eine Sonnenblume, ein Veilchen, vielleicht aber auch eher eine exotische Blüte. Oder möchten Sie lieber eine Phantasie-Blume sein, zum Beispiel eine Regenbogenblume in den schillerndsten Farben, die einen betörenden Duft verströmt?

Richten Sie sich immer mehr auf. Dann stellen Sie sich hin, wiegen sich mit Ihrem ganzen Körper zur Musik und genießen es, Ihre Kraft und Entfaltung zu spüren. Lassen Sie sich von der Musik beflügeln. Tanzen Sie durch den Raum in dem Bewusstsein, ganz Sie selbst zu sein in Ihrem vollkommenen Ausdruck, so, wie Sie gern wachsen und aufblühen möchten.

Zu den letzten Takten der Musik stellen Sie sich fest auf den Boden und strecken die Arme weit nach oben – so, als könnten Sie die Sonne berühren. Stehen Sie für ein paar Sekunden auch auf die Zehenspitzen. Nun sind Sie als Blume und Knospe voll erblüht und können jeden Tag Ihres Daseins wunderbar genießen.

Wenn die Musik schließlich verklungen ist, lockern Sie Ihre Haltung ein bisschen und spüren noch einmal nach, wie es sich anfühlt, eine Knospe und eine erblühte Blume zu sein. Selbst wenn Wachstum immer ein Sich-Öffnen und damit auch Unsicherheit mit sich bringt, so eröffnet Ihnen die Entfaltung doch alle Möglichkeiten und Sie können die ganze Wärme des Lichts spüren.

Kleiner Osterschmaus

Wenn Sie an ein Essen für Ostern denken, werden Ihnen wohl auch sofort Eier einfallen. Deshalb finden Sie hier zwei herzhafte Eiergerichte, die sich übrigens auch wunderbar als üppiges Osterfrühstück eignen. Aufgrund der langen Fastenzeit fiel solch ein Osterschmaus früher tatsächlich oft sehr opulent aus. Das Gemüse-Omelette ist eine richtig deftige Mahlzeit, während das Oster-Baguette auch schon mal den kleinen Hunger zwischendurch stillt.

Wie wär's damit?

Für das *Gemüse-Omelette* brauchen Sie:

> 2 Eier
> 1 Esslöffel Ricotta-Käse
> 30 Gramm Champignons
> $\frac{1}{2}$ rote Paprikaschote
> 50 Gramm Zucchini
> 1 Esslöffel Milch
> $\frac{1}{2}$ Knoblauchzehe
> 40 Gramm Parmesan
> Pfeffer, Salz, Thymian, Öl

Die Champignons putzen Sie zuerst und schneiden sie klein, Paprika und Zucchini in Streifen. Das Gemüse braten Sie mit der halben zerdrückten Knoblauchzehe in etwas Öl in der Pfanne an und schmecken mit Pfeffer und Salz ab. Eier, Milch, Ricotta-Käse, Thymian, etwas Salz und Pfeffer verrühren und über das Gemüse in der Pfanne gießen und stocken lassen, bis das Omelette goldbraun ist. Zum Schluss streuen Sie noch den Parmesan darüber.

Auch ein *Oster-Baguette* schmeckt und ist noch dazu im Nu fertig.
Dafür brauchen Sie:

> 1 kleines Baguette
> 20 Gramm Kräuterbutter
> 1 gekochtes Ei
> 30 Gramm Rucola
> 1 Tomate
> ¼ Knoblauchzehe
> 1 Scheibe Schafskäse

Vermischen Sie die Kräuterbutter mit dem zerdrückten Knoblauch und
bestreichen Sie das halbierte Baguette damit. Die Tomate schneiden
Sie in Scheiben, den Rucola zerpflücken Sie und belegen das Baguette
damit. Obendrauf kommen der Schafskäse und das in Scheiben ge-
schnittene Ei. Die andere Hälfte des Baguettes klappen Sie darüber.
Und jetzt lassen Sie es sich schmecken!

Mini-Osterfeuer

Osterfeuer werden jedes Jahr an vielen Orten entzündet, um die Dunkelheit zu vertreiben. Christus ist auferstanden – und damit hat sich
das Licht als stärker als der Tod erwiesen. Da Ostern als zentrales
christliches Fest ja vor allem diese freudige Botschaft verkündet, könnten auch Sie ein kleines Mini-Osterfeuer entfachen und darin zumindest einige Ihrer Sorgen loswerden.

Wie wär's damit?

Die wichtigste Voraussetzung dafür ist zunächst ein feuerfestes Gefäß.
Eine kleine Schale, in die man Räucherkohle geben kann, reicht schon
aus. Wenn Sie erst noch ein entsprechendes Gefäß kaufen müssen, sollten Sie im Laden unbedingt nachfragen, ob es auch wirklich feuerfest
ist. Bitte experimentieren Sie auf gar keinen Fall mit Gegenständen
herum, von denen Sie nicht genau wissen, ob sie brennbar sind oder
nicht.

Wenn Sie dann das richtige Gefäß gefunden haben, kaufen Sie sich noch ein bisschen Räucherkohle – und schon kann es losgehen.

Schreiben Sie nun all die Sorgen und Ängste, die Sie bedrücken, auf kleine Zettel – am besten auf jedes Zettelchen nur eine. Auch Schuldgefühle und alles andere, was Sie belastet, können Sie aufschreiben. Dann falten Sie die Zettelchen zusammen und legen sie zwischen die Räucherkohle. Am besten stellen Sie das Gefäß zur Sicherheit noch ins Wasch- oder Spülbecken und entzünden die Räucherkohle. Sie werden sehen: Es tut richtig gut, wenn sich all die Sorgen und Ängste allmählich in Rauch auflösen.

Lassen Sie das Feuerchen aber nicht zu lange brennen, sondern löschen Sie es bald wieder. Der Aspekt der Sicherheit sollte in diesem Fall doch im Vordergrund stehen.

Dann spüren Sie dem wundervollen Gefühl der Erleichterung, das Ihr ganz persönliches Mini-Osterfeuer in Ihnen ausgelöst hat, noch ein bisschen nach. So frei und unbeschwert können Sie sich also fühlen, wenn Sie einmal alles loslassen, was Sie belastet.

Ostergedanken

In einem Frühlingsgedicht hat Hermann Hesse dieses Erleben in wunderbare Worte gefasst. Die Auferstehungsfeier am Ostersonntag und das Wiedererwachen der Natur nach dem langen Winter vermitteln uns Freude, Leichtigkeit und Zuversicht: Wir können ruhig auch selbst ein bisschen in diesem neu erwachten Leben schwelgen. Lassen Sie sich von Hesses Gedicht inspirieren:

VOLL BLÜTEN

Voll Blüten steht der Pfirsichbaum,
nicht jede wird zur Frucht,
sie schimmern hell wie Rosenschaum
durch Blau und Wolkenflucht.

Wie Blüten gehn Gedanken auf,
hundert an jedem Tag –
lass blühen! lass dem Ding den Lauf!
frag nicht nach dem Ertrag!

Es muss auch Spiel und Unschuld sein
und Blütenüberfluss,
sonst wär' die Welt uns viel zu klein
und Leben kein Genuss.*

Leben bedeutet in diesem Gedicht ausdrücklich auch Genuss und
Überfluss. Doch dabei geht es nicht um den Überfluss unserer Weg-
werfgesellschaft, sondern darum, das Leben selbst mit all seiner An-
mut, Fülle und Schönheit auf heitere Art zu genießen. Wir machen uns
ja Tag für Tag Hunderte von Gedanken und Sorgen und blicken oftmals bedrückt in die Zukunft. Die Botschaft in diesem Gedicht lautet
aber, den Dingen auch einmal ihren Lauf zu lassen und nicht ständig
zu fragen: Was bringt mir das?

Wenn wir nicht immer den möglichen Ertrag im Hinterkopf haben,
wird das Leben wieder so einfach, reich und schön, wie wir es als Kinder gekannt haben. Daran erinnern uns die Pfirsichblüten: Sie sind so
zart und schön wie »Rosenschaum« – ein wunderbares Bild, das die
Schönheit von Pfirsichblüten und Rosen miteinander verbindet und
zugleich auch die ganze Leichtigkeit und Duftigkeit dieser zarten Blüten zum Ausdruck bringt.

Und obwohl nicht jede Blüte zur Frucht wird und damit auch
einen Ertrag bringt, hat doch jede einzelne ihre Daseinsberechtigung
und macht mit ihrem Zauber unsere Welt ein bisschen schöner. Lassen
auch wir uns wieder von der Heiterkeit des Lebens erfüllen und freuen
wir uns daran. Es hat so viele Facetten, die wir noch entdecken können –
Erlebnisse zart wie Rosenschaum und duftend wie Pfirsichblüten.

---

* aus: *Sämtliche Werke*, Band 10: »Die Gedichte«. © Suhrkamp Verlag Frankfurt:
»Voll Blüten«

Die frohe Osterbotschaft will uns ja auch Hoffnung und im Grunde sogar noch mehr, nämlich die Gewissheit schenken, dass wir in unserem Sein die volle Berechtigung zum Leben haben – einfach weil wir da sind. Wir dürfen auch einmal nur genießen, uns getragen und im Einklang mit allem fühlen. Wir müssen gar nichts beweisen oder besonders gut können, nichts leisten und nichts vortäuschen. Wir sind geborgen in unserem Dasein und dürfen zur Ruhe kommen. Auch ein Sich-treiben-Lassen, ein genüssliches Räkeln an der Sonne, ein Nur-den-Wolken-Nachschauen und die Gedanken-vorbeiziehen-Lassen gehört dazu.

Ist das nicht eine wundervolle Botschaft, die uns da vermittelt wird? Genießen wir sie doch ein bisschen.

Wochenende

Für viele Menschen ist das Wochenende der Höhepunkt der Woche, die wohlverdiente Belohnung nach fünf Tagen anstrengender Arbeit. Doch manchmal kommt gerade an den Wochenenden eine ganz besondere Art von Stress auf. Vielleicht setzen wir uns ja selbst unter Druck, weil wir meinen, jetzt unbedingt etwas ganz Aufregendes unternehmen zu müssen. Fällt uns dann doch nichts Passendes ein, erledigen wir womöglich ziemlich missmutig irgendwelche liegen gebliebenen Arbeiten und fragen uns am Ende frustriert, was wir von dem ganzen Wochenende eigentlich hatten. Damit ist jetzt Schluss.

Ab heute können Sie Ihr Wochenende immer auf besondere Art gestalten und voll auskosten. Hier finden Sie jede Menge Tipps und Anregungen für zu Hause oder unterwegs. So lernen Sie ganz neue Aspekte von sich selbst kennen. Ob Sie sich dabei einfach nur ausgiebig verwöhnen, sich ein karibisches Wochenende in Ihren eigenen vier Wänden gönnen oder sich von unnötigem Ballast befreien – eines ist so gut wie sicher: Sie werden Ihr Wochenende in vollen Zügen genießen und gar nicht mehr wissen, was Langeweile eigentlich ist.

Frei-Räume schaffen

Gönnen Sie sich ein gemütliches Wochenende, an dem Sie so richtig nach Herzenslust stöbern und ausmisten. Im Laufe der Jahre sammeln sich ja die unglaublichsten Dinge in einer Wohnung an: Früher mögen wir sie zwar einmal als wertvolle Schätze und Andenken betrachtet haben, aber nun haben sie schon längst Staub angesetzt oder sind in der Versenkung verschwunden. An vieles haben Sie wahrscheinlich seit Jahren gar nicht mehr gedacht. Wenn Ihnen doch wieder einmal etwas ins Blickfeld geraten ist, fanden Sie es meistens zu schade, es einfach wegzuwerfen. So füllen sich Schränke und Regale, Schubladen und Kommoden, Keller und Dachboden, bis man schließlich selbst kaum noch Freiraum in der eigenen Wohnung hat.

Die Dinge, mit denen wir uns umgeben, beeinflussen unser Wohl-befinden jedoch wesentlich mehr, als wir zumeist ahnen. Wenn Sie von der Arbeit nach Hause kommen und Ihr Blick im Flur zum Beispiel als erstes auf eine polynesische Abschreckungsmaske fällt, die Ihnen ein Freund von einer Reise mitgebracht hat, werden Sie wohl eher ein ungutes Gefühl beim Betreten Ihrer Wohnung verspüren. Anders sähe die Sache aus, wenn Sie sich dieses Kunstwerk selbst gekauft und be-wusst an dieser Stelle platziert hätten, weil es Ihnen gefällt.

Achten Sie an diesem Wochenende einmal ganz genau darauf, warum Sie welche Gegenstände aufgestellt oder an die Wand gehängt haben – sie prägen Ihre Wohnung doch stark. Das ist schon ein erster wichtiger Schritt zu raumgreifenden Veränderungen, die mehr Lebens-freude in Ihr Zuhause bringen.

Wie wär's damit?

Bevor Sie auch nur den kleinsten Papierschnipsel aussortieren, sollten Sie erst einmal folgende Übung ausprobieren: Setzen Sie sich gemüt-lich hin, nehmen Sie einen Stift und ein Blatt Papier und schreiben Sie aus dem Gedächtnis all die Gegenstände auf, an die Sie sich in jedem Zimmer erinnern können. Wahrscheinlich werden Sie ganz überrascht sein, wie kurz Ihre Liste wird.

Denken Sie nur einmal an den Inhalt Ihres Kleiderschranks. Könn-ten Sie Ihre gesamten Kleidungsstücke aufzählen? Meistens fallen einem doch nur die Sachen ein, die man wirklich am liebsten trägt – vielleicht die ausgebeulte Jogginghose und das verblichene blaue Sweatshirt für zu Hause. Der schicke teure Hausanzug aus schwarzem Samt da-gegen, auf dem man jeden Fussel sieht, oder der Jogginganzug in Neongrün, den einem ein geschickter Verkäufer letztes Jahr aufge-schwatzt hat, ist schon längst in der Versenkung verschwunden. Stößt man nach Jahr und Tag allerdings doch wieder auf ein solches Stück, stellt sich sofort ein reumütiges Gefühl ein: »Das ziehe ich zwar nie an, aber zum Wegwerfen ist es doch viel zu schade – man weiß ja nie, wofür man so etwas noch brauchen kann.«

So geht es uns mit vielen Sachen. Wenn Sie mit Ihrer Bestandsauf-nahme des Kleiderschranks aus der Erinnerung fertig sind, haben Sie aber schon einmal einen guten Überblick darüber gewonnen, was Sie wirklich oft anziehen oder besonders gern mögen. Wenn Sie nun alles aussortieren, was nicht auf Ihrer Liste steht, werden Sie plötzlich unglaublich viel Platz im Schrank haben. Ein paar von den Sachen werden Sie aber trotzdem noch brauchen. Als Faustregel gilt: Alles, was Sie länger als ein Jahr nicht getragen haben, sollten Sie in große Taschen oder Säcke räumen. Wenn Sie sich noch nicht endgültig davon trennen mögen, bringen Sie es doch für einige Zeit an einen anderen Ort. (Der Keller würde sich dafür zwar anbieten, aber den wollen wir ja auch noch entrümpeln.) Vielleicht haben Sie Ihre ausrangierten Schätze dann schon bald vergessen und ein weiteres Umräumen erübrigt sich ohnehin, oder Sie suchen sich noch einmal ein paar unverzichtbare Stücke heraus.

Wenn Ihnen das Loslassen schwer fällt, dann denken Sie daran, wie viele Leute auch heute noch auf Kleiderspenden angewiesen sind und sich über ein kaum getragenes Stück richtig freuen. Kirchliche Einrichtungen oder das Rote Kreuz nehmen solche Spenden gern entgegen. Wenn Sie sich das vorstellen, werden Sie Ihre Schränke bestimmt noch einmal so gern durchforsten. Und sich selbst tun Sie damit ja auch einen Gefallen: Nur wenn wir Platz und Freiraum schaffen, kann etwas Neues entstehen und womöglich sogar etwas viel Besseres hinzukommen – und das gilt nicht nur für Kleiderschränke.

Machen Sie einen richtigen Spaß aus Ihrer Räumaktion. Hören Sie fetzige Musik, gönnen Sie sich zwischendurch etwas Feines zu essen und genießen Sie das gute Gefühl, sich selbst wieder ein bisschen mehr ausdehnen zu können, bevor es Ihre Sachen tun.

Gehen Sie so gemütlich Zimmer für Zimmer durch. Verabschieden Sie sich von Dingen, die Ihnen einmal sehr lieb waren, aber nun überholt sind. Ich habe mich erst kürzlich von meiner alten Couch getrennt, auf der ich schon so viele vergnügliche, einsame, fröhliche und stille Stunden verbracht habe. Sie war mittlerweile schon völlig durchgesessen und total verblichen. Ich habe mich liebevoll von ihr verabschiedet, ein kleines Polster, das ich noch brauchen kann, als Andenken aufbewahrt und sie dann abholen lassen. Jetzt habe ich richtig viel Platz, den ich ganz anders nutzen werde.

Wenn Sie Lust haben, machen Sie für die Gegenstände, die Ihnen besonders am Herzen liegen, aber trotzdem nicht mehr zu Ihnen passen, ein kleines Abschiedsritual. Beschäftigen Sie sich noch einmal ausgiebig mit Ihrem ehemaligen Lieblingsstück, erinnern Sie sich an all die Begebenheiten, die Sie damit verbinden, und räumen Sie es dann bewusst weg. So kann viel Neues und Gutes in Ihr Leben treten.

Denken Sie daran, dass unser Zuhause ja auch unsere Persönlichkeit widerspiegelt. Wenn Ihr Keller mit altem Gerümpel völlig zugestopft ist, könnten vielleicht auch Ihre Gefühle blockiert sein, da der Keller das Unbewusste symbolisiert. Sie können es ja mal ausprobieren und Ihren Keller von allem unnötigen Ballast befreien, so dass viel freier Raum entsteht. Wahrscheinlich werden Sie sich dann auf unerklärliche Weise viel freier und leichter fühlen. Aber auch eine gründliche Entrümpelungsaktion in Ihrer Wohnung wirkt enorm befreiend auf Geist und Seele. Danach werden Sie Ihr Zuhause noch mal so gern genießen und viele neue Impulse verspüren. Es macht wirklich Spaß, befreit und kann sogar noch einem guten Zweck dienen. Also nichts wie los – und viel Spaß!

Karibische Träume

Karibik – schon dieses Wort lässt endlose weiße Strände, ein kristallblaues Meer und sich sanft im Wind wiegende Palmen vor unserem inneren Auge erscheinen. Die verheißungsvollen Namen der karibischen Inseln wie Grenada, Barbados, Martinique, Guadeloupe, Jamaika oder die Bahamas – um nur einige wenige zu nennen – versetzen uns allein schon durch ihren Klang in eine herrlich entspannte Urlaubsstimmung. Quirlige Märkte mit tropischen Früchten und fangfrischem Fisch, ausgelassene bunte Lebensfreude und stimmungsvolle Sonnenuntergänge zum Rhythmus von Steeldrums und Calypso-Tänzen verzaubern uns.

Wochenend-Trip in die Karibik

Sind Sie schon ein bisschen auf den Geschmack gekommen? Warum gönnen Sie sich dann nicht einfach ein Wochenende in der Karibik?

Ganz ohne Reisestress und Jetlag? Holen Sie sich die Karibik in Ihre Wohnung – mit etwas Fantasie ist das gar nicht so schwer. Lassen Sie den Alltag hinter sich und tauchen Sie ein in den exotischen Zauber einer anderen Welt.

Wie wär's damit?

Am besten stimmen Sie sich auf Ihr Wochenende der karibisch-leichten Gefühle mit einem erfrischenden exotischen Drink ein. Was halten Sie zunächst einmal von einem *Tropical Dream*? Dazu brauchen Sie:

1/2 Ananas
1 Orange
100 Milliliter Milch oder Sahne
3 Esslöffel Kokosraspeln

Halbieren Sie die Ananas quer und höhlen Sie die untere Hälfte aus – darin werden Sie anschließend Ihren Drink servieren. Ein hübscher Nebeneffekt: Wenn Sie das obere Drittel der Ananas mit den Blättern in Erde einpflanzen, wächst mit ein wenig Glück in einigen Wochen eine prächtige Ananaspflanze heran – dann können Sie ein original karibisches Ambiente in Ihrem Wohnzimmer genießen.

Auf den Drink brauchen Sie allerdings nicht ein paar Wochen, sondern nur noch wenige Minuten zu warten: Schneiden Sie das Fruchtfleisch der unteren Ananashälfte in ganz kleine Stücke. Wenn Sie es feiner mögen, geben Sie sie noch in den Entsafter. Pressen Sie nun die Orange aus. Dann vermischen Sie Ananas- und Orangensaft und füllen je nach Geschmack mit Milch oder Sahne auf. Rühren Sie noch die Kokosflocken unter und genießen Sie Ihren Drink direkt aus der ausgehöhlten Ananas. Wie sieht's jetzt aus? Spüren Sie schon was von einem sanften Karibikhauch unter Palmen?

Nach dieser kleinen Erfrischung sollten Sie unbedingt ein Weilchen ganz entspannt faulenzen – schließlich wollen Sie sich ja erholen. Besonders angenehm und stilecht wäre in diesem Fall natürlich eine Hängematte unter Palmen.

So groß sind Ihre Zimmerpalmen nun wirklich nicht? Keine Sorge: Für die Wohnung oder den Balkon gibt es bereits Modelle, die eine eigene Vorrichtung zum Befestigen der Hängematte haben. So brauchen Sie erst gar keine Haken in die Wand zu dübeln, um sanft wie unter Palmen zu schaukeln und zu träumen. Wenn Sie dazu noch fröhliche Reggae-Musik mit den berühmten Steeldrums, den so typisch karibisch klingenden leeren Fässern laufen lassen, dann ist Ihr Caribic-Feeling schon nahezu perfekt.

Wie wäre es jetzt mit einem kleinen Imbiss? Probieren Sie doch einmal das tropische *Mango-Chutney*: Süß-sauer im Geschmack und delikat gewürzt ist es zu Reis eine richtige Delikatesse. Für eine Portion brauchen Sie:

1 Mango
1/2 Banane
10 Gramm Ingwer
3 Chilischoten (auch getrocknet)
3 Esslöffel Weinessig
2 Esslöffel Zucker
1 Esslöffel Rosinen
1 Esslöffel gehackte Cashewkerne
Salz, Öl

Zunächst schälen Sie die Mango, trennen das Fruchtfleisch vom Kern und schneiden es in etwa 2 Zentimeter große Stücke. Die Banane wird ebenfalls geschält und zerkleinert, der Ingwer sehr fein gehackt. (Sie können der Einfachheit halber auch Ingwerpulver benutzen.)

Die Mangostücke kommen dann zusammen mit Ingwer, Chilischoten, Bananenstückchen, Essig, Zucker, Rosinen, einer Prise Salz und etwas Öl in eine Pfanne. Eine halbe Tasse Wasser dazugeben, zunächst kurz aufkochen und dann bei schwacher Hitze etwa 20 Minuten köcheln lassen. Ab und zu umrühren und bei Bedarf etwas Wasser hinzufügen. Zum Schluss streuen Sie noch die gehackten Cashewkerne darüber. Das Mango-Chutney passt wunderbar zu gekochtem Reis oder gegrilltem Fisch.

Um den Luxus perfekt zu machen, verwöhnen Sie sich als Dessert noch mit einer Gaumenfreude aus exotischen Früchten, zum Beispiel mit Karambolen, die bei uns auch als Sternfrucht bekannt sind. Sie sehen nicht nur als Dekoration besonders hübsch aus, sondern schmecken noch dazu ganz köstlich.

Kombinieren Sie diese herrlichen Früchte doch einmal mit Ananas, Kokos und den kleinen kugelrunden Lychee-Früchten, die Sie inzwischen in jedem guten Supermarkt bekommen. Noch ein bisschen Eis dazu – und schon können Sie sich auf eine köstliche Komposition freuen: *Ananas-Kokosnusseis mit Karambolen und Lychees.* Dazu brauchen Sie:

> $^1/_2$ Packung Vanilleeis (etwa 250 ml)
> 2 Scheiben Ananas (frisch oder aus der Dose)
> 1 Karambole
> 3 Lychees
> 50 Gramm Kokosraspeln

Schneiden Sie die Ananasscheiben in kleine Stücke und behalten Sie etwas Saft übrig. Vermengen Sie das Vanilleeis mit den Kokosraspeln, den Ananasstückchen und dem Ananassaft, bis es eine geschmeidige Konsistenz hat. Jetzt waschen Sie die Karambole und schneiden sie in dünne Scheiben, die Lychees schälen Sie und trennen den Kern vom Fruchtfleisch. Zum Schluss garnieren Sie das Ananas-Kokosnuss-Eis mit der Karambole und den Lychees – und schon haben Sie einen »karibischen Eistraum« vor sich stehen.

Wenn Ihnen Ihr neues Lebensgefühl gefällt und Sie auch später noch in karibischen Erinnerungen schwelgen wollen, können Sie sich gleich heute um Ihren Schreibtisch herum oder an einem anderen Platz in Ihrer Wohnung, der mit eher unangenehmen Assoziationen verbunden ist, eine kleine »Karibikecke« einrichten. Dazu brauchen Sie gar nicht viel: ein großes Poster, das den ganzen Zauber dieser Gegend ausstrahlt, oder auch ein paar kleinere Fotos, die zusammen ein vielseitiges Bild von all den reizvollen Aspekten Ihrer Trauminsel vermitteln. Vielleicht wollen Sie noch eine Muschel aus der Karibik dazulegen und eine Zimmerpalme hinstellen – und schon haben Sie Ihre Miniatur-Karibikecke, die Sie bei unangenehmen Arbeiten, Stress oder schlechter Laune an das wunderbar entspannte exotische Urlaubsgefühl erinnert.

Beschwingter Ausklang

Fast überall auf den Trauminseln finden sich viele Urlauber gegen Abend in den Bars ein. Von der warmen Sonne, dem Schwimmen, Tauchen und leichten Schaukeln der Hängematte angenehm müde, wollen sie zum Abschluss eines gelungenen Urlaubstages noch den Sonnenuntergang so richtig genießen. Man sitzt mit einem Drink in der Hand in der milden Abendbrise und schaut auf das schimmernde Meer hinaus. Der Himmel nimmt immer intensivere Farbtöne an: Leuchtendes Gelb, Orange, Rot und ein mildes Blau spiegeln sich im Wasser. Einige Leute klatschen – und alle genießen die tropische Nacht.

Wie wär's damit?

Gönnen auch Sie sich diesen beschwingten Ausklang und verabschieden Sie Ihren karibischen Tag mit einem »Sundowner«, vielleicht mit dem Nationalgetränk aus Cuba, dem *Cuba libre*. Für einen Drink brauchen Sie:

> 4 Eiswürfel
> 5 Zentiliter Rum
> $1/4$ unbehandelte Zitrone oder Limette
> Cola

Pressen Sie die Zitrone aus und geben Sie den Saft mit den Eiswürfeln und dem Rum in ein hohes Glas. Füllen Sie nun mit Cola nach Belieben auf. Salute!

Wenn Sie nach diesem herrlichen Tag auch noch in den Genuss karibischer Träume gelangen möchten, sollten Sie sich zum Abschluss abends noch ein warmes, plätscherndes Blütenzauber-Bad gönnen.

Dekorieren Sie Ihr Badezimmer dafür ruhig ein bisschen tropisch. Vielleicht haben Sie Lust, dort ein Poster von einem rauschenden Wasserfalls zwischen Palmen und Jasminsträuchern aufzuhängen. Wenn es Ihnen so gut gefällt, dass Sie häufiger ein »karibisches Bad« nehmen möchten, rahmen Sie das Poster am besten, damit es durch das Glas von den Dämpfen beim Baden und Duschen geschützt ist und sich nicht mit der Zeit wellt. Ich habe mir einmal einen ganzen Stapel Karibikprospekte aus dem Reisebüro mitgenommen – nur die teuersten Hotels und die schönsten Strände – und während des Badens dann so richtig in diesem Luxus schwelgen können.

Lassen Sie im angenehm temperierten Wasser auch Ihre Nase von einem lieblichen Aroma verwöhnen, das die Vielfalt der karibischen Düfte widerspiegelt. Für ein *Blütenzauber-Bad* brauchen Sie:

> 4 Tropfen Ylang-Ylang
> 2 Tropfen Geranie (nicht von unserer Balkon-,
>   sondern von einer Duftgeranie)
> 2 Tropfen Jasmin
> 1 Esslöffel Mandel- oder Speiseöl
> ein paar Blütenblätter

Mischen Sie die Aromaöle mit dem Mandel- oder Speiseöl und lassen Sie die Mischung mit dem Wasserstrahl langsam in die Badewanne fließen. Sofort wird sich ein herrlicher Duft in Ihrem Badezimmer verbreiten. Streuen Sie dann noch ein paar Blütenblätter auf das Wasser und Sie werden sich wie in einem idyllischen tropischen See vorkommen. Gönnen Sie sich während des Bads ruhig auch einen kleinen Imbiss – zum Beispiel ein paar Weintrauben und Feigen – und lassen Sie sich von Ihren karibischen Träumen sanft in andere Welten entführen.

Wochenende der Kontraste

Haben Sie sich schon einmal überlegt, welcher Ort oder welche Umgebung wirklich zu Ihnen passt? Manchmal gehen wir ja zum Beispiel nur in ein bestimmtes Restaurant, weil es uns empfohlen wurde oder weil wir es eben schon seit etlichen Jahren kennen. Vielleicht mögen Sie aber eigentlich Restaurants gar nicht besonders, sondern sitzen viel lieber in einem gemütlichen kleinen Café? Probieren Sie an diesem Wochenende einmal aus, wo Sie sich besonders wohl fühlen.

Wie wär's damit?

Wichtig ist bei diesem kleinen Experiment, dass Sie möglichst kontrastreiche Umgebungen auswählen. Wenn Sie zum Beispiel eigentlich ein ausgesprochener Stadtmensch sind, schauen Sie sich also in einer ländlichen Gegend ein bisschen um. Spazieren Sie statt eines Stadtbummels einmal über weite Felder, genießen Sie den Ausblick, die Reize und das Spiel der Farben in der Natur. Achten Sie gut auf die Gedanken und Gefühle, die dabei in Ihnen aufkommen.

Wahrscheinlich kommt Ihnen diese völlig andere Umgebung zuerst ziemlich fremd vor und vielleicht fühlen Sie sich sogar ein bisschen unbehaglich. Bleiben Sie jedoch mindestens eine Stunde dort, bevor Sie ein endgültiges Urteil fällen. Vielleicht entdecken Sie ja nach einiger Zeit, dass Ihnen die Ruhe und Stille hier eigentlich gefallen, obwohl Sie immer meinten, dass Sie ein bisschen Hektik bräuchten. Vielleicht tauchen auch ganz neue Gefühle in Ihnen auf, die auf den ersten Blick sogar etwas Ängstliches haben könnten. Beobachten Sie einfach, was diese Umgebung in Ihnen auslöst.

Wenn Sie sonst eher die Ruhe und Gelassenheit lieben, dann wagen Sie sich doch einmal in eine Bar in einer überfüllten Fußgängerzone. Keine Angst – passieren kann Ihnen hier nichts. Lassen Sie das Flair der (Groß)Stadt auf sich wirken, probieren Sie einen Cocktail, auch wenn Sie noch nie einen getrunken haben, und staunen Sie über das vielschichtige Publikum. Bleiben Sie auch hier mindestens eine Stunde, damit sich die erste Nervosität legen kann und Sie wirklich etwas von Ihrem Experiment haben.

Finden Sie so allmählich heraus, was Ihrem Lebensgefühl wirklich entspricht. Wenn Sie sonst gern ins Kino gehen, aber selten einen Roman lesen, können Sie sich zur Abwechslung einmal in einer Bibliothek über die neuesten Bestseller informieren und sich ein Buch ausleihen, das Sie anspricht. Wenn Sie dagegen am liebsten zu Hause blei-

ben und schmökern, gehen Sie einmal raus: Raffen Sie sich zu einem
Kino- oder Theaterbesuch auf. Wenn Sie einen ganz mutigen Tag
haben, können Sie sogar in einen Vergnügungspark gehen und sich
von der ausgelassenen Stimmung der Leute dort mitreißen lassen. Bestimmt lernen Sie so ganz neue Aspekte von sich selbst kennen. Und
das bringt viel mehr Spaß in Ihr Leben.

Wenn Sie ein Klassik-Fan sind, müssen Sie sich jetzt natürlich nicht
ständig Rockmusik anhören – das wäre dann doch übertrieben. Aber
vieles, was wir eigentlich immer abgelehnt haben, ohne es wirklich zu
kennen, ist es durchaus wert, einmal ein bisschen näher betrachtet zu
werden.

Oft faszinieren uns ja auch gerade Menschen, die genau die gegen-
teiligen Charakterzüge zu uns selbst besitzen: Ein eher grüblerischer
Mensch fühlt sich von einem lebenslustigen angezogen und umge-
kehrt. Doch warum sollten Sie Ihre »anderen Seiten« nicht schon jetzt
kennen lernen? Dazu müssen Sie gar nicht warten, bis Ihnen jemand
über den Weg läuft, der Ihnen neue Perspektiven eröffnet. Das können
Sie ganz nach Lust und Laune auch selbst schaffen.

Probieren Sie auch einmal aus, wie derselbe Ort unter verschiedenen Blickwinkeln auf Sie wirkt. Gibt es eine Umgebung, in der Sie sich
besonders gern aufhalten? Vielleicht einen bestimmten Park? Wie fühlt
es sich an, wenn Sie dort schon frühmorgens dem Erwachen der Natur
lauschen? Und wie ist es im Gegensatz dazu abends, wenn Sie dort die
letzten Sonnenstrahlen genießen? Hat sich an der Atmosphäre etwas
verändert? Fühlen Sie sich anders? Wie empfinden Sie den ziemlich
leeren Park unter der Woche und wie sieht es am Wochenende aus,
wenn viele Leute dort unterwegs sind? Wann fühlen Sie sich wohler?

So können Sie sogar an einem einzigen Ort ein bisschen herum-
experimentieren und dabei herausfinden, was Ihren ureigenen Bedürfnissen am besten entspricht. Dann werden Sie auch wissen, ob Sie
wirklich so ein ruhiger, zurückgezogener Mensch sind, wie Sie immer
dachten. Oder ob Sie einfach gar nicht wussten, wie viele Möglichkeiten es gibt, und vor neuen Erfahrungen manchmal eher zurück-
gescheut sind. Lassen Sie Ihrer Neugier und Ihrer Lebensfreude freien
Lauf.

Vielleicht entdecken Sie aber auch, dass Sie oft nur unterwegs waren, weil Sie Angst hatten, zu Hause könnte Ihnen die Decke auf den Kopf fallen. Nach dieser kleinen Übung können Sie ein gutes Buch bei einer köstlichen Tasse Tee auf Ihrer gemütlichen Couch jetzt so richtig genießen.

Spielen Sie mit all Ihren Möglichkeiten und das Leben wird immer reicher und bunter werden.

Ein Ausflug ins Ungewisse

Wenn Sie am Wochenende mal wieder Lust auf einen kleinen Ausflug haben, lassen Sie sich doch einmal auf ganz neue Wege ein, von denen Sie noch gar nicht wissen, wo sie hinführen.

Wie wär's damit?

Lassen Sie sich an diesem Wochenende auf Ihrer Wanderung nur vom Zufall – oder vom Schicksal? – führen.

Sie können Ihren Ausflug nach dem »Zufallsprinzip« schon direkt an Ihrer Haustür beginnen, aber auch zuerst zu einem schönen Fleckchen Erde fahren und von dort aus starten. Wenn Sie eine ganz unbekannte oder weiter entfernte Gegend erkunden wollen, sollten Sie unbedingt eine Straßen- bzw. Wanderkarte mitnehmen, damit Sie sich nicht verlaufen. Es macht auch Spaß, auf dieser Karte dann den Weg einzutragen, den Sie gegangen sind. So können Sie prima erkennen, wie Ihr Zufallsprinzip funktioniert hat. Aber auch in einer bekannten Gegend werden Sie auf diese Art bestimmt viele überraschend neue Winkel entdecken. Nehmen Sie sich ein bisschen Verpflegung mit, wenn Sie einen längeren Ausflug machen wollen.

Und nun geht es los: Den Weg, den Sie jeweils einschlagen, lassen Sie einfach von einer Münze bestimmen, die Sie werfen. »Kopf« bedeutet dann zum Beispiel, dass Sie den linken Weg nehmen, und bei »Zahl« folgen Sie dem rechten – aber die Zuordnung bleibt natürlich Ihnen überlassen. An jeder Wegbiegung oder Abzweigung werfen Sie nun die Münze und lassen das Schicksal entscheiden – rechts oder links, um die Ecke oder geradeaus.

Was passiert mit diesen Entscheidungen? Finden Sie am Ende auf Ihrer Wanderkarte womöglich eine geometrische Figur vor? Fallen Ihnen bestimmte Orte auf, zu denen die Münze Sie führt? Wer weiß – vielleicht gelangen Sie ja auch wieder genau an Ihren Ausgangspunkt zurück.

Lassen Sie sich ein bisschen treiben und vertrauen Sie Ihrem Weg. Bestimmt werden Sie dabei einige Überraschungen erleben. Sie können dieses kleine Abenteuer natürlich jederzeit abbrechen, wenn Sie vom Wandern genug haben und direkt umkehren möchten. Wichtig ist nur, dass Sie sich auf diese neue Sichtweise Ihrer Umgebung einlassen und daran freuen.

Kleines Fitness- und Verwöhnprogramm

Lassen sich Genuss und Fitness für Sie unter einen Hut bringen? Einfach entspannen und ein bisschen schlemmen, aber dem Körper auch etwas Gutes tun, entschlacken und sich ein bisschen sportlich betätigen?

Gönnen Sie sich an diesem Wochenende doch von beidem etwas: Genuss pur und das gute Gefühl, auch einiges für Ihre Fitness getan zu haben, bevor Sie sich wieder entspannt zurücklehnen und es sich gut gehen lassen. Freuen Sie sich auf ein rundherum gelungenes Fitness- und Verwöhnwochenende.

Bewegung tut gut

Unter der Woche lässt uns der Alltagsstress oft kaum Zeit, ganz bewusst etwas für unseren Körper tun. Hektik haben wir zwar mehr als genug, aber die Bewegung kommt häufig zu kurz. Nutzen Sie dieses Wochenende dazu, sich körperlich mal wieder ein bisschen in Schwung zu bringen. Aber nicht als Pflichtprogramm mit zusammengebissenen Zähnen, sondern aus Freude an der Bewegung – schließlich soll es Ihnen ja Spaß machen.

Wie wär's damit?

Beginnen Sie den Tag gleich mit einem leckeren Vitamindrink, bevor Sie richtig loslegen. So ein Drink macht Sie munter, schöner und hilft beim Entschlacken. Ganz nebenbei enthält er auch noch wichtige Mineralstoffe und natürlich viele Vitamine.

Wenn Sie es gern frisch und fruchtig mögen, dann probieren Sie einmal den *Blue-Happiness-Drink*. Dazu brauchen Sie:

> 150 Milliliter Buttermilch
> 50 Gramm Heidel- oder Brombeeren
> 1 Kiwi
> 1 Spritzer Zitronensaft

Geben Sie die Beeren in einen Mixer und pürieren Sie sie. Füllen Sie mit Buttermilch auf, geben Sie einen Spritzer Zitronensaft dazu und rühren Sie noch einmal gut um. Die Kiwi schneiden Sie in Scheiben und garnieren den Drink damit.

Die Vitamine der Heidel- und Brombeeren schützen vor allem die Herz- und Blutgefäße und die Kiwi enthält doppelt so viel Vitamin C wie eine Zitrone. Sie haben sich also gerade einen richtigen Powerdrink gemixt.

Wirkt der kleine Energieschub schon? Dann haben Sie jetzt sicher Lust auf ein bisschen Bewegung. Schon ein zügiger Spaziergang von einer Stunde reicht aus, um Ihren Körper ausreichend mit Sauerstoff zu versorgen. Wenn Sie es sportlicher mögen, joggen Sie eine Runde um den Häuserblock. Verlangen Sie aber nicht zu viel von sich, die Freude an der Bewegung soll an erster Stelle stehen. Wenn Sie ohnehin schon ein Joggingfan sind, können Sie aber natürlich ganz anders loslegen.

Vielleicht haben Sie aber auch eher Lust, sich zu fetziger Musik zu bewegen. Tanzen Sie, wie es Ihnen gerade gefällt. Auch Seilhüpfen zu Musik macht Spaß, erhöht die Kondition und lässt gleich noch ein paar Gramm Fett mehr schmelzen. Wenn Sie jetzt noch ein paar gezielte Übungen einschieben wollen, probieren Sie es doch einmal damit:

Für einen flachen Bauch legen Sie sich auf den Rücken, stellen die Füße auf und verschränken die Arme hinter dem Kopf. Heben Sie nun Ihren Oberkörper an, indem Sie die Wirbelsäule sanft abrollen, und versuchen Sie mit dem rechten Ellenbogen das linke Knie zu erreichen. Wenn Sie das zehn Mal wiederholen, ist es schon anstrengend genug, falls Sie kein ausgesprochener Sportfreak sind. Jetzt kommt die andere Seite dran: Versuchen Sie mit dem linken Ellenbogen das rechte Knie zu erreichen. Mit dieser Übung stärken Sie vor allem die seitlichen Bauchmuskeln. Für eine Straffung der oberen Bauchmuskulatur bleiben Sie gleich auf dem Rücken liegen, stellen wieder die Füße auf, verschränken die Arme hinter dem Kopf und rollen nun den Oberkörper langsam hoch und wieder zurück. Je mehr Zeit Sie sich bei diesen Übungen lassen, desto effektiver sind sie.

Für eine leichte Stärkung Ihres Rückens legen Sie sich mit dem Bauch auf ein festes Kissen, um kein Hohlkreuz zu machen. Die Stirn liegt auf dem Boden. Heben Sie nun lediglich den Kopf ein paar Zentimeter vom Boden und spüren Sie die angenehme Dehnung im Rücken. Dann legen Sie den Kopf sanft wieder auf den Boden und entspannen sich.

Wichtig: Führen Sie jede dieser Übungen immer nur so oft und so intensiv durch, wie es Ihnen gut tut und angenehm ist. Wenn Sie sich verspannt fühlen, lassen Sie die Übung sein und ruhen sich stattdessen lieber aus.

Zeit für eine kleine Erfrischung? Dann gönnen Sie sich doch zwischendurch einen Gemüsesaft *Frische Brise*. Sie brauchen dazu:

1 Orange
200 Gramm Möhren
200 Gramm Gurke
200 Gramm Honigmelone
2 Esslöffel Sahne
4 Esslöffel Buttermilch

Die Orange und die Möhren werden klein geschnitten und zusammen mit zwei Esslöffeln Buttermilch in den Mixer gegeben, der Saft anschließend in ein großes Glas gefüllt. Die Gurke schälen, zerkleinern und mit dem Fruchtfleisch der Honigmelone und der restlichen Buttermilch zusammen in den Mixer geben. In der Zwischenzeit schlagen Sie die Sahne cremig, gießen sie vorsichtig auf den Orangen-Möhrensaft und füllen dann den Gurken-Honigmelonensaft dazu. Am besten schmeckt es, wenn Sie den Saft gut gekühlt mit einem Strohhalm genießen.

Dieser frische Saft ist besonders gut für die Augen und schenkt den Nerven neue Kraft.

Entspannung für Körper und Seele

Da Sie sich ja in jeder Hinsicht verwöhnen wollen, wird es jetzt Zeit für eine ruhige Entspannungsübung. Im täglichen Stress neigen wir ja dazu, uns immer wieder zu verspannen und damit in eine Abwehrhaltung zu gehen, was uns aber häufig gar nicht bewusst ist. Oft vergessen wir dann, die Anspannung der Muskeln auch wieder zu lösen, was leicht zu einer chronischen Verspannung führen kann. Versuchen Sie also, sich immer wieder ganz bewusst zu entspannen, wenn Sie Stress oder Verkrampfungen spüren.

Wie wär's damit?

Am besten fangen Sie immer mit dem Gesicht an: Hier kann man die Entspannung am deutlichsten spüren. Lassen Sie vor allem Ihren Unterkiefer los – und schon werden eventuelle Ängste geringer werden. Auch Ihren Augen sollten Sie häufig eine Pause gönnen. Schließen Sie sie, schirmen Sie sie mit den Händen ab und entspannen Sie Ihre Augenmuskeln ganz bewusst. Lockern Sie auch Ihre Gesichtsmuskeln und Ihre Kopfhaut immer wieder einmal. Vielleicht kommt Ihnen das zunächst etwas komisch vor, weil Sie bisher immer nur an die Entspannung Ihrer Schultern oder Ihres Nackens gedacht haben. Die Kopfpartie hat aber einen ebenso starken Einfluss auf unser Wohlbefinden.

Wenn Sie sich mehr Zeit dafür nehmen möchten, machen Sie am besten eine Ganzkörperentspannung. Legen Sie sich dafür mit einer Decke bequem auf den Boden, schließen Sie die Augen und entspannen Sie nun ganz bewusst jede Körperpartie. Fangen Sie bei den Füßen an und entspannen Sie Waden, Knie, Oberschenkel, Po, Rücken, Bauch, Schultern, Arme, Hals und zuletzt den Kopf. Sie können dabei auch ruhige Musik hören, die Ihnen ein Gefühl von Entspannung und Wärme vermittelt.

Und da wir nun schon mal beim Verwöhnen sind, können Sie sich gleich auch noch ein angenehmes Bad gönnen, das Ihre Haut sanft umschmeichelt und außerdem bei der Entschlackung hilft.

Für ein sinnliches Verwöhnbad, das Ihre Haut samtweich macht und seidig schimmern lässt, nehmen Sie:

150 Milliliter Sahne
3 Tropfen Sandelholz
3 Tropfen Melisse
2 Tropfen Vanille

Vermischen Sie die Aromaöle mit der Sahne und genießen Sie den süßlich-herben Duft. Nehmen Sie sich Zeit und tauchen Sie ganz und gar in die wohligen Gerüche ein, die Sie entspannen und erfrischen.

Ein wunderbares Öl zur anschließenden Massage für richtige Genießer besteht aus:

5 Esslöffeln Avocado- oder Mandelöl
2 Tropfen Orange
3 Tropfen Sandelholz
2 Tropfen Zitrone

Das Avocadoöl ist etwas reichhaltiger als das Mandelöl, beide tun der Haut aber sehr gut. Die Duftkomposition erfrischt und besänftigt die Haut und wirkt nicht zu süß, sondern ein bisschen wie eine kühle Brise.

Wenn Sie Ihre Haut vor allem entschlacken und dabei kleine Unreinheiten loswerden möchten, nehmen Sie am besten ein heilsames Salzbad. Kaufen Sie Meersalz aus der Apotheke und geben Sie eine Tasse davon in die Badewanne. Das warme Wasser öffnet die Poren, während das Salz Giftstoffe und Fettablagerungen aus der Haut zieht. Tupfen Sie sich danach mit einem Handtuch ab und legen Sie sich noch mindestens eine halbe Stunde warm zugedeckt hin, da sich die positive Wirkung in dieser Zeit noch weiter entfaltet.

Wie wäre es nun mit einer kulinarischen Stärkung aus *Hirse mit Rührei und Tomaten*? Nehmen Sie dazu:

> 1 Tasse Hirse
> 2 Eier
> 2 Tomaten
> 50 Gramm Gouda
> 1/2 Bund Schnittlauch
> 1 Gemüsebrühwürfel
> Kräutersalz, Pfeffer, Öl

Lassen Sie die Hirse zunächst eine Stunde in warmem Wasser quellen, anschließend mit einem Brühwürfel 10 Minuten kochen und noch etwa 15 Minuten auf der warmen Herdplatte wie Reis garen. In der Zwischenzeit verquirlen Sie die Eier, würzen sie mit Kräutersalz und Pfeffer nach Geschmack und braten sie in der Pfanne mit etwas Öl bei mittlerer Hitze unter ständigem Rühren an. Die fertige Hirse wird dann unter das Rührei in die Pfanne gegeben. Den Käse klein schneiden und mit dem Hirse-Rührei in der Pfanne vermengen, bis er schmilzt. Die Tomaten waschen, in Scheiben schneiden und das Gericht damit garnieren. Zum Schluss geben Sie noch etwas Pfeffer und den Schnittlauch darüber. Guten Appetit!

Falls Sie aber einfach nur Heißhunger auf eine Tafel Schokolade haben sollten, dann lassen Sie sich die Stückchen – sozusagen als Mittag- oder Abendessen – ganz langsam und genüsslich auf der Zunge zergehen. Zwar enthält Schokolade kaum Mineralstoffe oder Vitamine, hat aber letztlich auch nicht mehr Kalorien als eine vollwertige Mahlzeit. Allerdings sollten Sie es bei dieser einen Tafel belassen und dafür eine Mahlzeit auslassen – sonst könnte der Hosenbund schon bald ein bisschen kneifen.

Noch ein kleiner Tipp: Trinken Sie an diesem Wochenende, aber auch generell, viel Mineralwasser. Je mehr Sie trinken, desto besser wird Ihr Körper entschlackt.

Wenn Sie mögen, können Sie an diesem Wochenende auch mental etwas für sich tun. Hängen Sie in Ihrer Wohnung ein paar Zettelchen mit positiven Botschaften auf – zum Beispiel einen Zettel mit dem Satz »Ich sehe wunderbar aus« an Ihren Spiegel, »Ich bleibe schlank« an Ihren Kühlschrank oder »Ich fühle mich wohl« an Ihren Kleiderschrank. So sind Sie das ganze Wochenende von positiven Botschaften umgeben, die Sie aufbauen und optimistisch stimmen.

Gönnen Sie sich viel Freiraum. Streichen Sie wenigstens für diese Tage Begriffe wie »sollte«, »müsste«, »immer« oder »nie« aus Ihrem Wortschatz. Zwingen Sie sich kein Pflichtprogramm auf, sondern gehen Sie bei allem nur so weit, wie es Ihnen Spaß macht. Finden Sie heraus, ob Sie sich lieber zur Musik bewegen oder in der freien Natur, ob Sie gern die frische Luft beim Fahrradfahren genießen oder sich am allerliebsten gemütlich auf der Couch zusammenrollen und ein gutes Buch lesen.

Das beste Fitnesstraining ist übrigens immer noch das Lachen. Also sorgen Sie dafür, dass Sie auch was zu lachen haben. Schauen Sie sich einen witzigen Videofilm an, schmökern Sie in einem humorvollen Buch und nehmen Sie alles nicht so ernst: Betrachten Sie das Leben als ein Abenteuer, das immer neue Überraschungen für Sie bereithält.

Urlaub

Viele von uns betrachten den Urlaub als die kostbarste Zeit im Jahr. In diesen wenigen Tagen oder Wochen wollen wir möglichst alles nachholen, was im Alltag oft zu kurz kommt. Allerdings kann die Urlaubszeit dann leicht in Stress ausarten: Jetzt müssen Ausflüge geplant, Besichtigungstouren konzipiert und sogar die Erholung nach Plan arrangiert werden.

Gönnen Sie sich stattdessen doch einmal eine ganz andere Art von Urlaub: Ob Sie Ihre Stadt neu entdecken, stille Klostertage zu Hause verbringen, Ihre Wohnung anders gestalten oder mit Ihrem neuen Ich Ferien machen wollen – dieser Urlaub bringt bestimmt viele verborgene Talente in Ihnen ans Licht und noch dazu neuen Schwung in Ihr Leben.

Ferien mit Ihrem neuen Ich

Vielleicht haben Sie ja auch schon ab und zu das Gefühl gehabt, dass Ihr Leben eigentlich in recht eingefahrenen Bahnen verläuft. An Ihren freien Tagen schlüpfen Sie meistens in eine Ihrer beiden Lieblingsjeans, trinken gemütlich Ihren Kaffee oder Tee, während Sie ausgiebig Zeitung lesen, kochen Ihr Leibgericht, spazieren auf demselben Weg wie immer durch Ihren Lieblingswald oder -park und machen es sich danach in Ihrer Couchecke bequem.

Alles ist irgendwie vorhersehbar. Nur manchmal spüren Sie, dass Sie auch ganz anders könnten, wenn Sie nur wollten. Und dazu haben Sie in den Ferien eine tolle Chance.

Entdecken Sie sich in diesen Ferien doch einmal ganz neu! Mit Ihrem jetzigen Verhalten, Ihren vertrauten Ängsten und Vorzügen kennen Sie sich ja bereits ziemlich gut. Aber wissen Sie eigentlich, was sonst noch so alles in Ihnen steckt?

Wie wär's damit?

Fahren Sie an einen schönen Ort, der Sie so richtig anspricht. Sie müssen ja nicht gleich die nächsten zehn Jahre Ihren Urlaub dort verbringen, sondern sich nur auf ein kleines Experiment im Hier und Jetzt einlassen. Es spielt keine Rolle, wie weit der Ort entfernt ist, die Reise muss also auch nicht kostspielig werden.

Überlegen Sie zunächst in aller Ruhe, welche Facetten Ihrer Persönlichkeit Sie schon immer einmal leben wollten. Fangen Sie ganz einfach bei der Kleidung an, damit können Sie Ihren Typ schon stark verändern. Würden Sie sich gern mal ein bisschen sexy oder verrucht geben? Oder müssen Sie im Büro immer korrekt gekleidet sein und hätten Lust, sich stattdessen mal total lässig und leger anzuziehen? Womöglich ist auch genau das Gegenteil der Fall und Sie möchten einmal so richtig elegant wirken im edlen Hosenanzug oder im schicken Kostüm? Probieren Sie's aus. Sie werden sehen, es macht riesig Spaß, sich selbst als ganz neuen Typ zu stylen.

Wenn Sie das passende Outfit für Ihr neues Ich erst noch erstehen müssen, dann sehen Sie sich gründlich in einem Second-Hand-Laden um. Hier gibt es zum einen die ausgefallensten Klamotten, aber auch die teuersten Designerstücke zu durchaus erschwinglichen Preisen – ein kleines Vermögen wird Sie dieser Spaß also nicht kosten.

Probieren Sie zu Hause Ihre neuesten Errungenschaften gleich vor dem Spiegel an und spüren Sie, wie Ihr neues Outfit Sie verändert. Wenn Sie sich in Ihren eigenen vier Wänden darin dann einigermaßen sicher fühlen, wird es langsam Zeit, den Urlaub zu buchen und den Koffer zu packen.

Das Aussehen allein macht natürlich noch keinen völlig neuen Stil aus. Dazu gehört auch ein anderes Auftreten. Können Sie zum Beispiel bewundernde Blicke anderer Leute genießen? Bezahlen Sie ganz lässig eine Tasse Capuccino mit einem Hundert-Euro-Schein? Oder fühlen Sie sich manchmal total flippig und leben das auch aus?

Kosten Sie Ihr neues Ich an Ihrem Urlaubsort so richtig aus. Immerhin kennt Sie hier ja niemand – und vermutlich wird Sie auch niemand jemals in Ihrer alten Rolle sehen. Flirten Sie, nehmen Sie

Kontakt auf, gehen Sie auf Entdeckungstour. Was immer Ihnen gefällt: Probieren Sie es aus und beobachten Sie dabei ruhig ein bisschen, wie Ihr neues Verhalten auf andere Leute und vor allem auf Sie selbst wirkt. Sogar im »normalen« Urlaub verändert man sich ja ein bisschen durch die unbeschwerte Stimmung, die andere Umgebung oder das fremde Klima. Hier aber können Sie einmal ganz bewusst ausprobieren, was in Ihnen steckt.

Vielleicht gefallen Ihnen Ihre neu entdeckten Seiten ja so gut, dass Sie sie in Zukunft auch im Alltag verstärkt leben wollen: Nur Mut, das wird Ihr Leben viel abwechslungsreicher machen!

Ein gelungener Single-Urlaub

Die Vorstellung, allein in den Urlaub zu fahren, kann durchaus zwiespältige Gefühle hervorrufen. Vielleicht fühlen Sie sich ja ein bisschen unsicher bei dem Gedanken, allein in einer völlig fremden Umgebung zurechtkommen zu müssen. Anderseits kann aber auch ein herrliches Gefühl von Freiheit aufkommen: Sich einmal niemandem anpassen müssen, immer genau das tun können, wozu Sie gerade Lust haben – klingt das nicht verlockend?

Wie wär's damit?

Single-Clubs versprechen überall auf der Welt jede Menge Kontakt und Lebenslust pur. Wenn Sie in den Ferien nicht allein bleiben wollen, bieten sich hier tolle Chancen für unterhaltsame Flirts. Beinahe jedes Reisebüro bietet inzwischen Prospekte für Single-Clubs an. Dann wissen Sie schon beim ersten Zusammentreffen, dass alle anderen Urlauber diese Reise ebenfalls gebucht haben, weil sie gern Leute kennen lernen wollen. Das kann das erste gegenseitige Beäugen dann leichter machen – allerdings nicht für jeden. Aber Sie werden selbst am besten wissen, ob Sie Spaß daran hätten. Horchen Sie einfach mal in sich hinein.

Gute Erfahrungen habe ich auch beim Urlaub in ganz normalen Hotels gemacht. Wichtig ist hier vor allem, dass Sie zunächst möglichst ein geräumiges Einzelzimmer oder vielleicht auch ein Doppelzimmer für sich allein buchen, was in bestimmten Zeiten außerhalb der Saison manchmal ohne Aufpreis möglich ist. In einem winzigen Einzelzimmer am Ende des Hotelgebäudes, das an eine Abstellkammer erinnert, werden Sie sich wahrscheinlich gleich zu Beginn Ihres Urlaubs nicht sonderlich wohl fühlen.

Auch das abendliche Hauptmenü verurteilt einen Single heutzutage nicht mehr zu einem einsamen Mahl am Katzentisch. Mit solchen Bedenken im Hinterkopf suchte ich bei einem Single-Urlaub in einem Mittelklasse-Hotel auf den Kanarischen Inseln am ersten Abend ein bisschen verunsichert den mir zugeteilten Platz.Ich wähnte mich schon in die hinterste Ecke verbannt, als ich zu meiner freudigen Überraschung feststellte, dass die Direktion einen Sechsertisch mit Singles jeglichen Alters zusammengestellt hatte. Das brachte mir nicht nur einen sehr amüsanten Abend ein, sondern auch gelungene Ferientage: Wir unternahmen sehr häufig etwas zusammen wie Jeep-Safaris oder Landausflüge. So hatte jeder Gast seinen Freiraum, konnte sich aber auch alle paar Tage auf einen interessanten Ausflug in netter Gesellschaft freuen. Beim gemeinsamen Essen wurden dann unterhaltsame Informationen ausgetauscht – so kam es immer zu einem anregenden Gespräch.

Wem es um ständigen Kontakt geht, der ist in einem Single-Club sehr gut aufgehoben, bei einer individuelleren Gestaltung des Urlaubs sind aber auch die üblichen Hotels durchaus zu empfehlen. Dabei kann sich nach meiner Erfahrung aus einer Urlaubsbekanntschaft manchmal sogar eine langjährige Freundschaft entwickeln.

Besonders gut zum Alleinreisen eignen sich Städtetrips. Hier haben Sie die Möglichkeit, sich ganz nach Lust und Laune genau das anzuschauen, was Sie – und nur Sie allein – schon immer interessiert hat. Vielleicht sind Sie ja ein Museums- oder Kunstfreak, der vor allem die Kunstschätze der jeweiligen Stadt kennen lernen will. Vielleicht wollen Sie sich aber auch ganz dem Kaufrausch hingeben, gemütlich die Shoppingmeile entlangschlendern, sich im Straßencafe zwischendurch einen Cappuccino gönnen und das Flair der Stadt auf sich wirken lassen. Oder Sie lieben Parks und Gartenanlagen und verbringen Ihre Zeit am liebsten dort.

Wenn Sie allein in einer fremden Stadt unterwegs sind, haben Sie den Vorteil, dass Sie sich nicht dauernd nach jemand anderem richten und absprechen müssen, wer was gern sehen möchte oder zu welcher Uhrzeit Sie sich wieder treffen wollen. Sie müssen auch nicht einer Reisegruppe an die Orte folgen, die der Reiseleiter festlegt. Stellen Sie sich doch Ihren eigenen Mix zusammen: Wenn Sie eine Stadt noch gar nicht kennen, schließen Sie sich für zwei oder drei Stunden einer geführten Stadtrundfahrt oder einem Rundgang an. So haben Sie im Schnelldurchgang schon mal das Wichtigste gesehen und können hinterher in aller Ruhe noch einmal die Sehenswürdigkeiten aufsuchen, die Ihnen am besten gefallen haben. Wenn Sie keiner Gruppe angehören, finden Sie auch schneller Kontakt zu Einheimischen. So habe ich zum Beispiel schon oft eine kostenlose Privatführung bekommen, fernab vom großen Trubel der Reisegruppen.

Genießen Sie Ihre Single-Reise, seien Sie offen für die Schönheiten Ihres Reiseziels und für neue Erfahrungen – dann wird es bestimmt ein gelungener Urlaub.

Ein neues Flair für Ihr Zuhause

Wenn Sie im Urlaub nicht wegfahren wollen, also einmal so richtig Zeit und Elan übrig haben, dann gibt es manchmal nichts Befriedigenderes, als die eigene Wohnung neu zu gestalten. Da nicht nur wir unser Zuhause prägen, sondern das Zuhause auch uns, spielt es eine große Rolle, mit welchen Farben, Möbeln, Stoffen oder anderen Accessoires die Wohnung ausgestattet ist.

Während es einst vor allem darum ging, überhaupt ein Dach über dem Kopf zu haben, bietet uns ein Zuhause heute weit mehr als Schutz vor Regen und Kälte. Hier verbringen wir einen großen Teil unserer Zeit. Umso wichtiger ist es natürlich, dass wir uns in unseren eigenen vier Wänden auch rundum wohl fühlen.

Wie wär's damit?

Farben haben einen großen Einfluss auf unsere Stimmung. Machen Sie sich also zunächst einmal ein paar Gedanken über die Farbgestaltung. In jedem Zimmer wirkt eine Farbe anders. Dabei spielen auch die Lichtverhältnisse und die Nutzung des jeweiligen Raums eine wichtige Rolle.

Welche Farben wir mögen, ist natürlich vor allem eine Frage des persönlichen Geschmacks. Auf mich wirkt zum Beispiel eine Essküche in erdigen Farben wie beige, sand, hellbraun oder terracotta besonders behaglich. Ein helles Grün oder ein sanftes Orange haben ebenfalls eine entspannende Wirkung. Auch Küchen im Landhausstil können viel Wärme und Gemütlichkeit ausstrahlen. Wenn Ihnen dieser Stil liegt, können Sie den Zauber der Provence beispielsweise mit hübsch gebundenen Sträußen getrockneter Kräuter einfangen, die Sie an eine Leiste an der Decke hängen oder in Steingutvasen oder -krüge stellen. Wenn Sie dafür eine kräftige Farbe wählen, gibt das Ihrer Küche zusätzlich noch eine frische Note.

Wenn Sie Lust auf eine richtig bunte Küche haben, dann nichts wie los. Besonders pfiffig sieht es aus, wenn Sie die Regale in verschiedenen Kontrastfarben streichen. Aber auch Stühlen, Tischen und anderen Möbelstücken können Sie natürlich einen neuen Anstrich in den entsprechenden Farben verpassen. Knoblauchkränze oder getrocknete rote Peperoni geben ebenfalls hübsche Farbtupfer ab – Sie werden sehen: So wird das Kochen und Essen zu einem farbigen Vergnügen.

Im Wohnzimmer dagegen würde zu viel Farbigkeit auf mich eher unruhig wirken – aber auch das ist natürlich Geschmackssache. Hier würde ich eher freundliche, ruhige Farben wählen. Möchten Sie das Wohnzimmer in sehr ruhigen Tönen halten, empfehlen sich Abstufungen von Weiß über Natur bis zu einem sanften Beige. Weiß schafft ein Gefühl von Klarheit und Weite. Und noch etwas spricht für weiße Wände: Bilder oder andere Accessoires kommen vor einem weißen Hintergrund am besten zur Geltung – die Farben haben mehr Leuchtkraft.

Wenn Sie es lieber ein bisschen farbiger und abwechslungsreicher mögen, könnte die »Stoffballentechnik« etwas für Sie sein: Damit erzielen Sie einen leicht marmorierenden Effekt. Dazu müssen Sie über den Grundanstrich eine Lasur auftragen und mit einem Stoffballen vorsichtig abtupfen. So wird die untere Farbschicht wieder freigelegt. Wenn Sie die Farben Ton in Ton wählen, kann das sehr dezent wirken. Auch das Licht hat einen großen Einfluss auf die Atmosphäre in Ihrem Wohnzimmer. Es sollte das Zimmer vor allem gemütlich wirken lassen, aber dennoch hell genug sein, um auch ohne Anstrengung lesen zu können. Wenn Ihnen die typischen Hängelampen fürs Wohnzimmer ein wenig bieder vorkommen, können Sie ja verschiedene kleinere Lampen im Raum verteilen und nach Bedarf einschalten. Oder Sie probieren es stattdessen mit Deckenflutern: Ein bis zwei davon werden auf Wunsch sogar für taghelles Licht im Zimmer sorgen, gedimmt schaffen sie jedoch auch eine behagliche Atmosphäre. Mit Wandflutern können Sie ebenfalls schöne Lichtakzente setzen, ebenso mit angestrahlten Bildern. Wenn Sie Spiegel hängen haben, achten Sie darauf, wie das Licht reflektiert wird.

Pflanzen und Blumen machen ein Zimmer ebenfalls wohnlicher und bringen noch dazu ein Stückchen Natur ins Haus. Selbst wenn Sie nicht zu den Leuten mit dem berühmten »grünen Daumen« gehören, gefällt Ihnen ja vielleicht die eine oder andere Pflanze besonders gut: Ob Orchidee oder Kaktus – machen Sie sich die Freude!

Auch manches Möbelstück in Ihrer Wohnung können Sie bei dieser Gelegenheit ein bisschen »aufmöbeln«. Eine alte Kommode aufzupolieren oder – je nach Geschmack – vielleicht auch mit goldenen Ornamenten zu verzieren lässt das gute Stück gleich weitaus wertvoller erscheinen. Sie können dafür einfache Vergoldungspasten nehmen, die mit dem Pinsel aufgetragen werden. Am besten geht das mit einer Schablone. Aber natürlich können Sie auch Ihre Fantasie spielen und Ihren Gestaltungskünsten freien Lauf lassen! Kleiner Tipp: Wenn Sie Ihr Werk hinterher noch mit Klarlack überziehen, hält die Farbe besser.

Schöne Vorhänge können in Ihrem Wohnzimmer sehr dekorativ wirken. Um besondere Effekte zu erzielen, könnten Sie doch einmal ein bisschen mit den Materialien spielen. Es gibt jetzt ja so viele Arten von Halterungen für Gardinen: Stangen für Vorhänge mit Schlaufen, großen Metallösen oder auch dicke Kordeln in derselben Farbe wie die Vorhänge, die Ihr Zimmer richtig prunkvoll wirken lassen. Mit einem farbigen Band gehaltene Vorhänge sehen ebenfalls sehr elegant aus – Sie brauchen also weder viel Geld auszugeben noch besonderes Nähtalent zu haben. Wenn Sie es schnell und einfach mögen, dann wählen Sie eine Vorhangstange, bei der Sie die Endknöpfe nach Lust und Laune ganz individuell gestalten können. Den Vorhang haben Sie mit Ringen und Gardinenclips dann im Nu an der Stange befestigt und Ihr Fenster sieht gleich ganz anders aus.

Im Schlafzimmer sorgen kühle Farben für einen ruhigen Schlaf, während warme Rottöne eher die Leidenschaft entfachen – also, Sie können sich's raussuchen.

Wenn Sie Blau mögen, lassen sich verschiedene Blautöne, vielleicht auch ein Tupfer Türkis gut miteinander kombinieren. Diese Farben können Sie auch bei der Bettwäsche oder Ihren Kuschelkissen aufgreifen – das sieht immer hübsch aus. Für Gemütlichkeit und Wärme sorgt Holz – ein Holzbett oder ein Parkettfußboden vermitteln Behaglichkeit.

Aber auch hier ist natürlich Ihr persönlicher Geschmack ausschlaggebend. Vielleicht mögen Sie es ja lieber klar und sachlich oder gerade das Gegenteil – verspielt und romantisch: Dann könnten Ihnen Rosé- oder Rottöne liegen. Oder Sie lassen mit kräftigeren Rottönen Ihre leidenschaftliche Seite zur Geltung kommen. Vergessen Sie aber auch hier die erdige Komponente nicht, die eine gewisse Stabilität verleiht. Spielen Sie mit allem, was Ihnen gefällt und ein Gefühl von Stimmigkeit vermittelt. Übrigens: Eine Flasche Champagner im Schlafzimmer sorgt für einen Hauch Luxus.

Wollen Sie Ihr Badezimmer auch noch verschönern? Wenn Sie es morgens gern frisch mögen, sehen zum Beispiel Gelb- und Grüntöne hübsch aus. Kombiniert strahlen sie Heiterkeit und Leichtigkeit aus. Auch ein blau-weißes Badezimmer wirkt frisch, vielleicht sogar ein bisschen kühl.

Wollen Sie sich vor allem abends gern genüsslich in der Badewanne aalen und sich ein bisschen verwöhnen, bieten sich gedämpftere Farben wie ein helles Braun oder Mauvetöne an. Wenn Sie noch etwas für sich tun wollen, sorgen Sie für flauschige Handtücher aus dickem Frottee und gönnen Sie sich einen kuscheligen Bademantel. So fühlen Sie sich gleich so richtig wohl. Kleine Schälchen mit getrockneten Kräutern verwandeln Ihr Badezimmer in ein Reich der Sinne.

Das alles sind natürlich nur Anregungen, aus denen Sie die herausgreifen können, die Sie am meisten ansprechen. Nehmen Sie sich nicht zu viel auf einmal vor – schließlich haben Sie ja Urlaub. Viel wichtiger als ein großer Aufwand sind Phantasie und Ideen, die Ihnen gut tun. Mit Kleinigkeiten können Sie schon viel verändern.

Überlegen Sie, wo Ihre Prioritäten liegen, stellen Sie dies und das um, experimentieren Sie zunächst mit farbigen Stoffen, Bildern, Rahmen oder Vasen, wenn Sie sich nicht gleich ans Streichen machen mögen, und lassen Sie alles ein Weilchen auf sich wirken. Sie werden sehen: So eine Umgestaltung der eigenen vier Wände macht riesig Spaß. Und nicht nur im Urlaub – vielleicht haben Sie sogar ein neues Hobby gefunden!

Entdecken Sie Ihre Stadt

Sie meinen, dass Sie Ihre Stadt wirklich gut kennen? Sie wohnen schon Jahre dort, haben Ihre Lieblingsgeschäfte und alle wichtigen Sehenswürdigkeiten bereits erkundet? Lassen Sie sich überraschen, welche versteckten Winkel und sogar offensichtlichen Schönheiten Sie noch entdecken werden.

Wie wär's damit?

Wenn Sie in einer größeren Stadt leben, dann tun Sie doch einmal so, als ob Sie als Tourist dorthin kämen. Machen Sie eine Stadtführung mit und staunen Sie über die Dinge, die Sie gar nicht (mehr) wussten. Besorgen Sie sich vom Fremdenverkehrsamt oder von der Touristikzentrale ein paar Prospekte über spezielle Rundfahrten zu bestimmten Themen wie beispielsweise romanische Bauten in der Stadt, Kirchen oder Brücken – je nachdem, was Ihre Stadt so zu bieten hat. Wenn Sie in einem kleineren Ort leben, nehmen Sie einfach eine größere Stadt in Ihrer Umgebung, die Sie schon gut kennen.

Tauchen Sie in die Geschichte Ihrer Stadt ein, wenn Sie sich für historische Gegebenheiten und Bauten interessieren. Welche berühmten Persönlichkeiten haben eigentlich dort gelebt und vor allem wo? Gibt es diese Häuser noch? Stöbern Sie einmal in den Stadtarchiven. Welche Geschichten ranken sich um Ihre Stadt? Vielleicht wollen Sie sich auf die Spuren von besonderen Straßennamen begeben. Viele Straßen haben – vor allem im Stadtzentrum – Namen früherer Betriebe wie etwa Seiler-, Silber- oder Poststraße. Gibt es heutzutage noch einen Zusammenhang zu diesen Namen? An welchen Stellen waren eigentlich diese Betriebe, die den Straßennamen geprägt haben? Auch Persönlichkeiten standen und stehen oftmals Pate für Straßennamen, doch häufig kennt man sie überhaupt nicht (mehr). Wer sind oder waren die Menschen, nach denen diese Straßen benannt wurden, und welchen Einfluss haben sie auf Ihre Stadt gehabt?

Spielen Sie ein bisschen Detektiv oder Historiker – was Ihnen besser gefällt. In den Stadtarchiven wird man Ihnen sicher gern behilflich sein. Vielleicht bekommen Sie sogar Lust, eine kleine Broschüre über Vergessenes in Ihrer Stadt zu verfassen, die auch für andere Bürger interessant wäre.

Leben heute bedeutende Persönlichkeiten in der Stadt? Wo wohnen sie? Gefallen Ihnen die Häuser? Würden Sie dort gern wohnen, oder sagen Sie sich hinter: So hätte ich mir das gar nicht vorgestellt?

Welche Motive aus Ihrer Stadt finden sich häufig auf Postkarten? Was sind ihre besonderen Kennzeichen? Schauen Sie sich diese Motive doch einmal in der Realität an. Vielleicht entdecken Sie so ganz neue Blickwinkel. Könnte man diese bedeutenden Kennzeichen Ihrer Stadt auch ganz anders darstellen? Nehmen Sie einfach selbst einen Fotoapparat zur Hand und probieren Sie ganz neue Sichtweisen aus. Den Fluss mit der wunderschönen Brücke müsste man ja nicht immer wie in den Prospekten von oben oder von der Seite fotografieren. Machen Sie es mal anders. Auch Häuseransichten wirken aus verschiedenen Blickwinkeln viel spannender. So kann ein ganz anderes Stadtbild entstehen – Ihre persönliche Sichtweise Ihrer Stadt. Oft gibt es ja sogar Fotowettbewerbe zu diesem Thema – da könnten Sie dann gute Chancen auf einen Preis haben.

Versuchen Sie, Ihre Stadt auf eine ganz neue Art zu erkunden. Machen Sie doch einmal einen Spaziergang durch Ihnen eher unbekannte Viertel. Meistens halten wir uns ja eher dort auf, wo wir wohnen, oder eben im Zentrum mit all seinen Einkaufs- und Unterhaltungsmöglichkeiten. Viele andere Viertel zeigen Ihnen jedoch ein gänzlich anderes Bild. Probieren Sie dort auch einmal Restaurants aus, gehen Sie in Geschäfte und entdecken Sie die anderen Gesichter dieser Stadt, die Sie schon in- und auswendig zu kennen glaubten. Gönnen Sie sich Muße und Zeit für Ihre Abenteuertour zu Hause.

Klostertage in den eigenen vier Wänden

Klosterurlaube sind in der letzten Zeit populär geworden. Immer mehr stressgeplagte Menschen suchen Zuflucht in der Beschaulichkeit, der Stille und auch im fest vorgegebenen Tagesablauf des Klosterlebens. Das Klosterleben auf Zeit haben nicht nur überforderte Manager als Ausgleich für sich entdeckt, sondern auch andere Menschen, die einmal ganz von der täglichen Hektik abschalten wollen. Viele Klöster bieten Gästen bereits eigens dafür eingerichtete Zimmer oder sogar Gästehäuser an. Wer in Kauf nimmt, schon vor sechs Uhr morgens aufzustehen, findet in diesen Tagen viel Zeit für Besinnung und Meditation. Aber auch freiwillige Mithilfe im Klostergarten, in der Küche oder der Landwirtschaft ist dort immer willkommen. Die verschiedenen Kirchenämter geben gern Auskunft über Klöster und Stifte, die Gäste aufnehmen.

Wenn Sie lieber einen Klosterurlaub zu Hause verbringen möchten, können Sie allerdings auch in Ihren eigenen vier Wänden klösterliche Ruhe und Besinnung finden.

Wie wär's damit?

Überlegen Sie zunächst, welche Aspekte des Klosterlebens Ihnen ganz persönlich besonders wichtig sind. Vielleicht die Besinnung auf das Wesentliche, das spartanische Leben oder die Erfahrung, den Alltag im Rahmen von Ritualen zu erleben? Ob Ihre Assoziationen dem wirklichen Klosterleben entsprechen, spielt dabei gar keine Rolle. Entscheidend ist vielmehr, was Sie sich selbst darunter vorstellen – und was Ihnen gut tun könnte.

Sie können zum Beispiel gleich am ersten Tag Ihres Klosterurlaubs zu Hause mit dem Schweigen beginnen. Das ist gar nicht so leicht, da wir es eigentlich gewöhnt sind, viel zu reden – sei es mit Freunden, Nachbarn, der Verkäuferin im Supermarkt oder am Telefon. Ein vollständiger Schweigetag kann da schon zu einer echten Herausforderung werden. Versuchen Sie es einfach einmal. Beginnen Sie für die Dauer Ihres Klosterurlaubs ein Tagebuch zu führen, in dem Sie Ihre Gefühle und Gedanken wenigstens schriftlich mitteilen können.

Wenn Sie mögen, gehen Sie sogar noch einen Schritt weiter und verzichten in dieser Zeit auch auf Fernsehen und Radiohören – mit diesen Medien lenken wir uns ja sonst gern ab. Was passiert, wenn Sie den ganzen Abend mit sich selbst konfrontiert sind? Wenn Sie dann nicht einmal ein Buch lesen oder eine CD hören, wird es bestimmt schon recht abenteuerlich. Überlegen Sie einmal, was die Menschen früher wohl gemacht haben, als es all diese modernen Medien noch gar nicht gab. Wie hätten Sie damals Ihren Abend verbracht?

Sie können dieses Experiment noch ausbauen, indem Sie an einem weiteren Tag versuchen, auch noch ohne elektrisches Licht auszukommen. Am besten probieren Sie ein Leben ohne künstliches Licht aber nicht gerade im Winter aus, wenn die Tage ohnehin sehr kurz sind. Besonders gut eignet sich für dieses Experiment der Zeitraum der Tagundnachtgleiche im Frühling und im Herbst. Ändert sich vielleicht auch Ihr Schlafrhythmus ohne elektrisches Licht? Gehen Sie dann beim letzten Vogelzwitschern schlafen und stehen beim sprichwörtlichen ersten Hahnenschrei wieder auf – ganz im Gegensatz zu Ihren sonstigen Gewohnheiten? Tut Ihnen diese Lebensform gut? Oder merken Sie hinterher erst richtig, wie segensreich unsere heutigen Erfindungen sind? Vielleicht von beidem etwas – alles hat ja seine Vor- und Nachteile.

Ein wichtiger Bestandteil Ihres Klosterurlaubs könnte auch darin bestehen, den Alltag als Ritual wahrzunehmen. Bereiten Sie sich schon morgens Ihr Frühstück in stiller Achtsamkeit zu. Benutzen Sie nur einfache Nahrungsmittel wie frisches Obst, kräftiges Vollkornbrot und

Butter. Verzichten Sie auf Ihren morgendlichen Kaffee und trinken Sie stattdessen Tee – vielleicht sogar wie ein buddhistischer Mönch aus einer Schale statt aus einer Tasse. Wie fühlt sich das an?

Verrichten Sie auch Ihre tägliche Hausarbeit wie Kochen, Spülen oder Staubsaugen in Stille und mit Achtsamkeit. Nach einigen Tagen Ihres ganz privaten Klosterlebens werden Sie mit Sicherheit ein völlig neues Lebensgefühl verspüren. Vielleicht haben Sie danach ja auch Lust, einige Aspekte in Ihren Alltag mitzunehmen.

Noch ein Tipp: Schreiben Sie wirklich regelmäßig in Ihr Tagebuch, was dieses Experiment alles in Ihnen auslöst. Sie werden hinterher überrascht sein, welche neuen Gefühle und Erkenntnisse Sie gewonnen haben.

Mut zu Ihren Träumen

Im Alltag haben wir oft viele Vorstellungen davon, was wir alles anders machen könnten, wenn wir nur die Zeit dafür hätten. Meistens bleibt es allerdings bei Träumen und Sehnsüchten. Selbst im Urlaub setzen wir uns oft noch unter Stress mit Ausflugsterminen oder Besichtigungstouren. Oder wir langweilen uns sogar ein bisschen, weil wir plötzlich so viel Zeit haben, dass wir manchmal gar nicht so viel damit anfangen können. Probieren Sie in Ihren freien Tagen doch einfach etwas ganz Neues aus, das Sie immer schon einmal machen wollten.

Wie wär's damit?

Haben Sie den Mut, auch ungewöhnliche Dinge zu wagen. Vielleicht wollten Sie schon immer mal eine gefährliche Bergtour unternehmen, hatten aber bisher weder die richtige Kondition noch die nötige Erfahrung. Sie können natürlich gleich an einem Kletterkurs für Anfänger in den Alpen teilnehmen, aber auch zu Hause mit ein paar »Trockenübungen« anfangen. Eine Kletterwand, an der auch Flachlandkraxler schon einmal üben können, gibt es in fast jeder Stadt.

Probieren Sie ruhig ein paar Schnupperkurse in den verschiedensten Richtungen aus. Hier können Sie völlig umsonst testen, was Ihnen Spaß macht. Ob Sie sich für Aerobic, Hantel-Training, Tanzen, Tai Chi oder ein bestimmtes Musikinstrument interessieren – fast jeder Veranstalter bietet kostenlose Einführungen zum Kennenlernen an. Meistens reichen schon ein paar Stunden, um herauszufinden, ob Ihr Traum der Realität standhält.

Gönnen Sie sich zu Hause einen abwechslungsreichen Urlaub mit Malstunden, Musikferienkursen oder Besuchen in der Saunalandschaft. Auch kleinere Workshops machen großen Spaß. Hier lernen Sie bestimmt ebenfalls nette Leute kennen, die aber im Gegensatz zu Reisebekanntschaften aus Ihrer näheren Umgebung kommen und die Sie daher jederzeit wieder treffen können.

Lassen Sie sich von Ihren Träumen beflügeln und haben Sie den Mut zu neuen Erfahrungen.

Bleiben Sie am Ball

Haben Sie das Buch erst einmal nach passenden Anregungen durchstöbert oder sogar schon ein paar von den Ideen umgesetzt und das Alleinfeiern ausprobiert? Jedenfalls hoffe ich, dass Sie Ihre Freude daran hatten und beim Lesen und Experimentieren gleich Lust auf mehr bekommen haben.

Vielleicht kam Ihnen Ihre erste Feier allein zu Hause auch noch ein bisschen abenteuerlich und ungewohnt vor. Keine Sorge: Das wird sich bald ändern, wenn Sie am Ball bleiben. Gerade noch nicht Vertrautes macht uns zunächst ja oft etwas Angst. Vielleicht haben Sie aber auch schon beim ersten Mal das herrliche Glücksgefühl verspürt, das uns das Alleinsein vermitteln kann, wenn wir eins mit uns selbst sind.

Wie so viele Dinge im Leben ist das Alleinfeiern eine Kunst, die uns umso mehr Freude schenkt, je öfter wir sie praktizieren. Eines sollten Sie dabei aber nicht vergessen: Setzen Sie sich niemals unter Druck. Gehen Sie das Ganze spielerisch an, experimentieren Sie mit sich selbst und seien Sie gespannt auf all die neuen Möglichkeiten, die sich in Zukunft noch vor Ihnen auftun werden.